名人推荐

　　这本书为读者提供了丰富的信息,其中就包括重新发现生活中的关键时刻,这些时刻在现实世界中对构建和讲述个人故事有重要影响。丹博士将多年的研究和实践转化成了任何人都可以使用的模型,这真的很厉害!这本书让我们意识到,在现实生活中优先考虑个人故事的艺术性和科学性很重要,以及讲述个人故事可以让我们的生活产生非常好的改变。

——奇普·康利
幸福生活酒店集团创始人兼前首席执行官
纽约时报畅销书《巅峰》《经验红利》
《如何控制自己的情绪》作者

这本书会带你走过人生的障碍，理解障碍的意义，在此基础上构建并讲述个人故事。这本书会推着你在自己的生活中前进。我的工作是让人们离开沙发，重新活动起来，丹博士也在做类似的事，即引导人们构建并讲述个人故事，确保人们朝正确的方向航行。

——乔·德·塞纳
斯巴达勇士赛创始人兼首席执行官
纽约时报畅销书作者

丹博士的这本书给人们提供了一个故事结构，它引导我们探索个人生活的关键时刻，并构建一个值得倾听的故事。丹博士在我们公司的"创意催化周"中扮演了重要的角色，它是拉斯维加斯重振市中心3.5亿项目的一部分。他独特的讲故事方法不仅激励了所有参与的嘉宾，还改变了我们的人生轨迹，他以赋能的方式教会我们如何思考自己以及整个世界，他改变了很多人的生活。

——阿曼达·斯莱文
创意催化股份有限公司联合创始人
福布斯30岁以下行业名人

巅峰故事

如何用你的故事打动他人

[美] 丹尼斯·雷贝洛（Dennis Rebelo）◎著
栗俊俊 马伊林◎译

STORY LIKE
YOU
MEAN IT

本作品中文简体版权由湖南人民出版社所有。
未经许可，不得翻印。

Story Like You Mean It © 2021 Dr. Dennis Rebelo. Original English language edition published by Scribe Media 507 Calles St Suite #107, Austin TX 78702,USA. Arranged via Licensor's Agent: DropCap Inc. All rights reserved.
Simplified Chinese rights arranged through CA-LINK International LLC.

图书在版编目（CIP）数据

巅峰故事：如何用你的故事打动他人 ／ （美）丹尼斯·雷贝洛著；栗俊俊，马伊林译. —长沙：湖南人民出版社，2022.8
ISBN 978-7-5561-2926-3

Ⅰ.①巅… Ⅱ.①丹… ②栗… ③马… Ⅲ.①语言表达—通俗读物 Ⅳ.①H0-49

中国版本图书馆CIP数据核字（2022）第129171号

巅峰故事：如何用你的故事打动他人

DIANFENG GUSHI: RUHE YONG NI DE GUSHI DADONG TAREN

著　　者：［美］丹尼斯·雷贝洛
译　　者：栗俊俊　马伊林
出版统筹：陈　实
监　　制：傅钦伟
责任编辑：张玉洁　张倩倩
责任校对：黄晓陶
装帧设计：异一设计

出版发行：湖南人民出版社［http://www.hnppp.com］
地　　址：长沙市营盘东路3号　　邮　编：410005　　电　话：0731-82683357
印　　刷：长沙新湘诚印刷有限公司
版　　次：2022年8月第1版　　　　印　次：2022年8月第1次印刷
开　　本：880 mm×1230 mm　1/32　印　张：9.5
字　　数：130千字
书　　号：ISBN 978-7-5561-2926-3
定　　价：58.00元

营销电话：0731-82683348（如发现印装质量问题请与出版社调换）

人们喜欢讲自己的人生故事，讲故事能给讲述者和听众都带来极大的乐趣。但故事的意义远不止于此，个性化的故事还可以让一个人不断前进，让人变得更有效率、更富有成果。这本书为我们提供了一种从生活中学习的方法论，它对个人发展和职业发展都很重要。丹博士多年来一直致力于开发这种方法，他的见解很容易为不同年代和不同文化的观众所接受。

——丹尼斯·杰夫博士
临床心理学家
康奈尔大学研究员

我是丹博士的巅峰故事模型的倡导者，因为讲故事可以帮助人们认识到肺癌研究的必要性。丹博士和他的巅峰故事模型不仅可以帮我引导肺癌患者大胆分享他们的经历，帮我宣传肺癌研究、获得资助，还可以帮人们看到他们人生中更积极的一面，让他们拥抱自己并展示自己的独特价值。

——克里斯·德拉夫特
克里斯·德拉夫特家庭基金总裁兼首席执行官
美国国家橄榄球联盟前队员

这本书非常精彩。书中描述了一种塑造并分享个性化故事的完美方法。这本书促使我们思考过去的故事和经历是如何指引与塑造我们的未来的。在注意力有限、时间有限的当今世界,这种清晰、深刻且有目的的讲故事的方法有助于我们发现自我价值和意义。如果你想更好地了解自己,如果你想知道如何让别人倾听你的想法,如果你想改变生活,那么这本书就是你的必读之书。

——万达·格兰特博士
佛蒙特大学教育和社会服务学院临床副教授

我们所做的每一个决定,甚至我们对外部世界所做的每个反应,全都建立在我们的个人故事之上,它们都受个人故事的影响。这本书提供了唤醒真实自我的流程图和工具,它让我们意识到,故事驱动着一切,包括我们的领导风格、我们参与关键决策的方式、我们共享的经历等。我强烈推荐这本书。

——玛格丽特·麦肯齐博士
南岬克利夫兰诊所主席
克利夫兰诊所勒纳医学院外科副教授

目 录

001　　前　言

019　　第 1 章　讲故事的论据

043　　第 2 章　理解你的故事,理解你自己

069　　第 3 章　呈现独特的个人故事

093　　第 4 章　巅峰故事模型

117　　第 5 章　故事徽章

141　　第 6 章　主题和主线

165　　第 7 章　创建巅峰故事

197　　第 8 章　如何过有意义的生活

227　　第 9 章　讲述故事

265　　第 10 章　终极连接器

287　　结　语　认真讲个故事

293　　致　谢

前　言

"说说你吧。"

被问的人毫无准备。一阵迟疑之后，他开始讲自己上过什么学、做过什么工作，以及有什么志向。这像极了网络上泛滥的自我介绍：套用模板，过度练习，烂熟于心，简短苍白，磕磕巴巴，没有特色，呆板乏味。

假如将这样的自我介绍比作火车，我们或许还不能说它已经糟糕到整列火车都废掉了，但我们可以说它的车厢顺序混乱不堪。紧接着，你会发现被问的人脸上流露出挫败感，因为他自己也意识到听众已经失去兴趣了。此时，双方都十分尴尬。

他磕磕巴巴地结束了自己的故事，最后突然来一句："你呢？"

不料，对方准备充分。她先用几句话说清楚了自己的几次重要决定和行动，接着介绍自己如何克服困难，如何与他人合作，最终成就了此地此刻的自己，而且，这个自己正在前往未来某个明确目标的路上。这次听众听明白了，他们注意力集中，不仅把她的故事听进去了，还与她建立起了某种联系。

第一个讲话者好像什么都说了，又好像什么都没有说，我们都有过类似的情况。在这种情况下，我们可以看出来，听众根本没有在听我们讲话。我们对自己生气，心想"我应该说这个的"，或者"我怎么没有说那个"。

其实，事情本不必如此。

🎤 塑造对话

现在，想象你将要进入某个场景，比如开一个专题会，面试一份工作，或者开一个业务发展会。无论是什么样的场景，此时你面临的风险都很高，你需要对方认真听你说话。你准备好了，一切就绪。然后，必然有人会凑过来跟你寒暄，问你最近在忙什么。

"说说你吧。"

这往往意味着一次塑造自我印象的机会。你不想错过这次机会。但此时，一个没有创见的故事不仅是一个糟糕的故事，它通常也意味着这次机会的丧失。

接下来我将向你展示如何抓住这样的机会讲述自己的"巅峰故事"（peakstory）。巅峰故事不仅能体现你的价值和意义，还能说清楚你的过往以及未来的发展方向。与此同时，你也会变得更加了解自己，包括自己的能力和动机。

当有人跟你说"说说你吧"时，他们真正想要表达的内容是："证明给我看，你对我的生活有什么价值；证明给我看，我为什么要听你讲话。"

同样，当人们跟你说"说说你的公司吧"，这也不是他们真正想表达的内容。他们真正想表达的内容是："跟我说说你，以及我为什么应该听你说说你的公司。"

我们都有过这样的经历。有时候是亲身经历,有时候是目睹别人经历。无论如何,这会发生在每个人身上,或早或晚。我们深陷这样的对话困境,并不是因为真的有人想了解我们的工作如何、我们的产品如何,他们最终想了解的是我们这个人如何。

我们不断得到同样单调的答案,因为其他人也只想到了同样的答案。

每当我们身处某个专题会、某次面试、某个公司或学校的迎新会,以及某个销售会议,人们都不禁好奇:"你能为这个专题会、这个公司或学校带来什么价值?你为什么要推销这个产品或这项服务?"当他们问到你本人,你可以从他们的眼睛里看到他们想要听关于你的一些积极有效的信息,但你启动了默认声道:"我有一条狗和一只叫菲利克斯的猫,它们经常打架。""我真的很喜欢这所学校。我姑姑也在这里上过学。""我真的很高兴能加入××公司。我在这里已经工作8年了,这真是一个非常棒的公司。然后……还有……是的……在这里工作真的很不错。"

这样讲自己的故事，等于什么也没说。如今，每个人都在谈论我们在能量方面的净产值。我们消耗了多少能量，创造了多少能量。讲自己的故事，也是同样的道理。在某次会面中，你要么从听众身上带走一些能量，要么给大家带来一些积极的能量。没有人会撂下这样一句话走开："哇，我见到约翰了。我对见到约翰这件事的感觉是没感觉（能量不增不减）。"

🎤 故事脉络梳理

个人成长故事是某种能量的源泉，每次讲述都是一次向他人提供能量的机会。但是能量并不来自故事本身，而是来自故事带来的价值。它可以是商业价值、社会价值，也可以是友情价值。人们更愿意听有价值的故事。不管是面试、销售会议，还是专题会、研讨会，价值才是人们所需要的。

我们想要人们认真听我们说话。

如果想要人们认真听，那么你就要让他们知道，你现在所做的事正是你应该做的事,你本人和你自己的故事是一致的,现在的你正是由自己过去的故事塑造的。

讲述自己的故事,这不仅能让你找到自己过往经历的锚,还能让你找到自己未来发展的指南针。它会带你进入当下的现实,并前往未来的"某处"。心理学家们把这一现象称为"一份临时身份证明"。我称之为"故事脉络梳理"(storypathing)。

梳理好的故事脉络会告诉听众:"我曾到过某地。我现在在这里。我将要前往那里。"

这就相当于赌上了你的临时所有权。

接下来的情节大概是这样的:"一切都说得通了,不是吗?你被我的故事注满能量,难道你不想支持一下我吗?你认为我是有价值的、有意义的,我的故事也证明了这一点。谢谢。因为这是我的故事,我思考过它,我也激活了它。"

如果你能梳理好个人故事的脉络,并且对自己的过往以及未来赋予意义,那么以后无论你走到哪里,你都可以向人们展示它,你会变得更守诺、更有价值,因为你的故事和你的身份是一致的。

如果我了解到你现在所做的事正是你应该做的事，那么我就会给你更多的机会、空间、人脉资源或者其他方面的支持。在帮助别人达成自我一致这件事上，人们不会介意延长一次会议的时间，或者做其他任何事。

面对有能力的人，我们都有助人的冲动。例如，我们会买票去听有音乐才华的人唱歌，我们会去剧院看优秀的演员表演。如果你擅长讲自己的故事，那么你也会得到人们的认同。他们将会看到，你不仅擅长做自己正在做的事，而且你可以证明自己有价值，因为证据都在故事里。

你敢这样说，是因为你做到过。

🎤 "我能做到吗？"

回顾自己的生活，你或许会担心自己没有梳理故事脉络的经验。错！不管你在这个星球上活了 14 年还是 90 年，你都能通过讲自己的故事展示自己的价值。

我们所有人都可以做到这一点。梳理故事脉络于我们并不陌生,我们年轻些的时候是习惯做这些的。不知出于什么原因,我们慢慢疏于练习了,但是这种能力依旧潜伏在我们体内。它就像一块不常用的肌肉,我们可以重新启用它。

这不只是讲个故事、说个八卦或者聊个天。这也不是你开会迟到的时候编的某个理由:"抱歉,我迟到了一会儿,因为路上太堵了。"这都没有说到关于你本人的什么信息。

梳理故事脉络既是一种自我创作的行为,也是一种识别生活经历的方法。任何人都可以随波逐流地过"正常"的生活。他们对世界没有参与感,世界对他们也不是那么感兴趣。当你能梳理出自己的故事脉络时,这个世界对你来说就变得更有意义了,这是因为你让这个世界更有意义了。相信我,这一切都有意义!

故事脉络梳理可以帮一个人过上心理学家们所谓的"现象生活"(phenomenal life)。这里的"现象"指的不是"非凡的现象",而是"实在的现象",即事实、事件和情境。现象学是心理学的一个分支，它讲的基本内容是，现象生活是指人们全然意识到自己的感觉、联系以及它们的缘起。

也就是说，你本人是一切的缘起。

🎤 巅峰故事

故事脉络梳理可以帮你用最好的方式整合最好的故事，从而创作出最好的个人巅峰故事。

故事脉络梳理这种方法不仅能帮我们识别和筛选生活瞬间，从而让我们用这些瞬间构建并分享我们的故事，它还能帮我们收集自我事件之间的连接，这里的连接是指生活瞬间和生活经历在你的往后余生中产生的影响。但是，很多人在讲述自己的巅峰故事的过程中会遇到两种障碍：

第一，对大多数人来说，他们在生活中并没有进行很多有目的的反思，也就是说，他们并没有深挖过往经历的意义。虽然很多人在接受心理治疗或者置身大自然的时候会有一些反思，但是这些反思不具有系统性，不符合我们的反思标准，因为它们不连贯，不会随着时间的推移成为你的故事。

讲述巅峰故事始于自我反思。我们只有理解了自己，才能更好地表达自己。否则，我们还不如在社交媒体上发几张几乎不能透露我们任何信息的照片。你既不能通过一张照片来评价一个人，也不能通过一张照片来表达意义。另外，我们之所以更喜欢通过发照片来表达自己，是因为上传一张照片要比深刻反思某个时刻容易得多。

系统的、有目的的反思是讲述巅峰故事的关键。我们得先进去，然后才能出来。自我探索永无止境。

第二，我们已经放弃被倾听的愿望。我们被讲述故事的阻力包围，每个人都在发照片，我们也有样学样。我们已经放弃了解释自己身份的能力。我们之所以不再讲自己的故事是因为没有人这样做了，而且我们也没有更明智的手段克服这种阻力。这就是为什么我们需要行动起来、锻炼起来，以便激活讲故事的肌肉。

在学习故事脉络梳理的过程中，你会有意识地将自己的身份与故事结合在一起，这个过程会随着时间的推移成为你的故事。故事脉络梳理能帮你掂量人们能听懂并且愿意欣赏你的个人故事的哪些部分。

🎤 创建系统

巅峰故事模型是一个有目的的、研究驱动的方法论，它能带你发现个人故事中重要的东西。巅峰故事模型源于我的博士论文。我的博士论文结合了人本主义心理学和组织系统这两个学科，这两个学科不仅让我理解了大脑的结构，也让我意识到如何以合理的方式整合自己的生活片段来应对高风险时刻。

简单来说，有时候，让别人知道你是谁、你为什么能带来价值，真的很重要。这时候你需要像个巫师一样会讲个人故事。

作为人类，我们都是自己日常生活经历的管理者和收藏家。那么，这些经历就是我们梳理巅峰故事时需要用到的原材料。

在调研的过程中,我一次又一次地看到,人们搞砸了自己好不容易得到的讲述个人故事的机会。有时候,他们甚至会错失更多的机会。

当然,除非他们是领导,因为领导总有机会讲述自己的故事,而且很少有人会质疑他们。想想谁会干这种事呢,毕竟我们的工资条是需要他们签字的。我发现,在西方,有机会讲述个人故事的人通常是有一定权力的特殊人群,而那些想成为专家或价值创造者的普通人却很少有这样的机会。这也是我发明巅峰故事这种方法的原因之一。

我的目标之一就是将研究数据转化为现实世界中可用的东西,或者说将我在现实世界中观察到的东西转化为一个系统。系统是可重复的,可重复性让系统变得有用、有价值。

我最近指导过的一位女性朋友惠特尼说过这样一句话:"生活中美丽的东西总是值得复制的,而系统可以让这样的复制成为可能。"

她说的正是我所做的事情。我开始为这个可复制的系统着迷，我开始观察分析人们的故事，我的敏锐和勤奋让我找到了其中的规律，我最终发展出了巅峰故事模型。

🎤 3 种故事类型

我发现，坚强的故事能让听众看到一个人的价值。在这里，坚强的故事是指自我保护或克服困难的故事。我称这样的故事为"英雄故事"。

然而，这还不是听众想要的全部价值，因为人们不只是希望有人是英勇的战士，还希望这个英勇的战士是个可以跟其他人合作的人。

因此，我开始寻找那些携手合作的故事，并且将它们称作"协作故事"。

当人们把这两种故事结合起来，他们不仅能解释自己是如何成为今天的自己的，还能深刻理解如何才能活出更好的内在自我。

我把这种结合二者的故事叫作"超我故事"或"美

德故事"。这是关于工作顺利、生活幸福的故事。

我发现,如果你能把这3种故事都讲出来,那么你的听众就会认为:

○ 你是可信任的(英雄故事)

○ 你是可合作的(协作故事)

○ 你在努力成为最正直、最善良的自我(超我故事)

我们的自我根植于真实世界和真实经历,因此,在你回顾过往故事、了解多重自我事件之间的连接的过程中,你也在让自己变得更容易与听众发生联系。

当我注意到这些真实经历时,我便开始捕捉它们的细微差别,考虑如何将它们融入一个故事,也就是后来的巅峰故事中。我学会了如何在讲述故事时调整现场的表现力。

一个煽动性的、有影响力的故事不仅能吸引到人们的注意力,还能让他们想跟你多聊聊。完美。他们从你的故事中看到了你的价值,这就是一种解放:你感觉自己在改变,听众也感觉自己在改变。

虽然我的博士论文早就完成,但每当我指导人们做公共演讲时，这些故事就会不断涌现。于是我把一些想法制成可视教具，打包放进了我的公共演讲课堂。学生们也开始被这些想法解放。一些学生一开始有点抵触使用故事脉络梳理这种方法，于是，我便带着他们寻找他们生活中的重要经历。最终，他们的人际关系真的就被这些经历改变了。人们开始意识到这门课的特别，他们说："我原以为这不过是一门普通的公共演讲课，但它却改变了我的生活。"

我就是这样发明巅峰故事模型的。

巅峰故事模型以学术研究为基础，我花了十多年的时间在教学、演讲、培训中应用它，它最终发展成熟。我是心智运动研究所的联合创始人，我的客户包括但不限于美国国家橄榄球联盟以及一些大型公司，比如森海塞尔、德国音频公司，还包括很多学者、警察和在校学生。我领导过很多地方教育项目。作为美捷步市中心社区项目的一部分，我在美捷步门店外发表过演讲。我网上的学员有的来自美国海军，有的来自地球的另一边。

现在到你了，激动吗？答案应该是肯定的。你已经对我有所了解,现在我将帮你更好地了解你自己,并教你如何向别人介绍全新的自己。

准备好了吗?让我们一起探险吧!

故事日记

总体来说,巅峰故事梳理只是一种方法,它是一种实现目标的实用方法。而实用意味着实践。

如果你觉得这是一本平常的书,你可以舒服地窝在躺椅上或者沙发上阅读,那么你就错了。这本书会向你展示一些内容,告诉你一些内容,然后解释一些内容。你需要拿起一支笔或者打开一台笔记本电脑。这样你才算准备好读这本书了。当我指导人们使用这种方法,或人们在网上使用这种方法的时候,他们需要跟着我所说的步骤互动。这也是为什么你会在本书的章节之间发现一些练习。你不仅需要动脑筋思考问题,还需要把自己的想法写下来。最重要的是,你要把这些想法付诸行动。

如果你想要最大限度地利用好这本书,那么请你做好投入一些工作量的心理准备。

不必担心，这和工作不一样，这会很有趣。因为这一切都不过是一场自我调研。

了解自己，还有比这更容易的吗？

我们做练习的目的在于结合理论和实践，理论需要动脑，实践则需要行动。

你可能会觉得本书的节奏太慢，你可能会觉得困惑不解，因为你想直接就开始讲述自己的巅峰故事。但我的建议是，别着急，一步一步来。相信我，这样更有效。

第一个练习再简单不过了，它甚至算不上一个练习。

你需要记录自己的思考过程和实践过程，记录形式由你决定。例如，你可以去附近的文具店逛逛，顺手买一个漂亮的笔记本。你可以翻翻自己的桌子，看有没有信笺簿，或者随便找一些纸张，用回形针把它们夹起来。或者你干脆就在你的电脑桌面上新建一个文件夹。我们只是需要一个可以做记录的地方，以便做一些练习，然后在必要时回顾这些练习。

等你准备好，我们就可以开始梳理你的故事脉络了。

第 1 章

讲故事的论据

从伊甸园到苹果公司,

摘苹果一直都要付出巨大代价,

苹果播放器,苹果笔记本,苹果手机,苹果聊天室,

我可以在没有眼神交流的情况下摘得以上所有苹果。

——节选自马歇尔·琼斯的诗《触屏》

你上一次对别人的故事产生真正的共鸣是什么时候？

恐怕不是最近。

这也不奇怪，现在的人已经不怎么讲故事了，而且我们收到的讲故事的邀请也不多了。就算有这样的机会，由于疏于练习，我们也常常会支支吾吾地不知从何说起，"呃，嗯，好的，让我想想……"

这不是任何人的错。现实就是这样。但是这样是不对的，这样我们就会慢慢失去建立有意义的关系的能力。最糟糕的是，我们还在一遍又一遍地重复着这样的生活模式：讲故事的机会出现，然后我们眼睁睁地错失它。你重复讲述的那个故事版本中的你并不是最好的你。在系统思维中，这样的模式被称为滚雪球效应，如果结果是好的，那么这就是良性滚雪球；如果结果是坏的，那么这就是恶性滚雪球。

讲不好自己的故事就属于恶性滚雪球效应，因为你在重复一个恶性循环。越是重复，大脑越是感觉舒适。这就是我们说的神经可塑性。神经可塑性是大脑的一种生理能力，它让大脑能重塑自己的思考方式。我们的大脑并不喜欢改变，它更喜欢自己熟悉的、舒适的环境。如果处在一个谁也不认识的高风险环境里，谁不想找个舒适区待着呢，没有人天生想尝试新事物。

因此你会不停地重复讲同样的故事，即使上次讲的时候听众不感兴趣，但这样做会让你自己感觉很舒适。问题是，舒适无法为你或者你的听众带来任何回报。因为你没有从中建立任何人际关系。

🎤 跳出惯例

雪莉·特克是麻省理工学院的教授，其研究方向为科技、连通性以及人类处境。她是这样描述现代世界的：

"我们对科技的期待大于对人类彼此的期待。"我的理解是，我们的世界已经形成了过多的联系，却没有形成足够有深度的关系。

科技将我们与世界各地的每个人都连接起来了。因为科技，我可以给亚洲或欧洲的学生上课。对此我非常感激。但是有时候我们也非常绝望，因为它妨碍了我们思考，或者说妨碍了我们建立深度的关系。

不论我们身处何地，科技设备都能帮我们连线自己心里想去的任何地方。这让我们误以为自己真的可以与一切进行连接。但事实并非如此，科技还没有进步到这样的程度。用我的朋友马歇尔·琼斯的话说就是，科技还没有先进到让我们重新成为人类。科技让我们远离反思，远离彼此。坦率地讲，我们的思考也不再像过去或者本来可能的那样深刻。

现在，人与人之间的联系比以往任何时候都更容易了，而我们却正在失去建立更多深度关系的能力。

科技使我们不再思考那些有分量或有意义的生活时刻，而我们的身份信息，即自我事件或自我事件之间的连接正来自这些生活时刻。没有这些联系，我们的身份就会显得很单薄、不够丰满。这就像我们想通过社交媒体上的照片展示完美的自己，然而事实却是，这些照片并没有展示我们真正的内涵和深度。

科技展示的只是部分画面。这就像你在网上看上了一座心仪的房子，你决定去附近街区看看。到那里一看，你有可能会发现，房子对面的街上有一个炼油厂，或者有人正在房子对面的街上采石头；你也有可能会发现，这座房子毗邻一个美丽的湖或者一个漂亮的公园，或者房子周边的交通很方便，它距离车站很近。有些时候，多看一点，你将有机会发现更多问题；有些时候，多看一点，你将有机会发现更多有价值的东西。

🎤 讲故事的阻力

建立关系的前提是我们能够为关系增加价值。但是我们的听众很忙，他们忙于被科技驱动的生活。科技不仅减少了我们反思的时间，也减少了我们讲述自己故事的时间。它粉碎了我们的同理心，或者说，它剥夺了我们和故事讲述者建立关系的能力，而这也是我们需要重新获得的能力。

科技手段过剩，缺少有意义的反思，这些还不是讲故事的全部阻力。社交常规是另一种阻力。科学作家查尔斯·都希格认为，大多数的互动都有社交暗示。社交暗示会触发某个常规惯例，然后我们就能从中得到某种奖励。

公共演讲中的社交暗示就是有人说："好吧，现在该你了。"或者，只是一个眼神；或者，排在你前面的人讲完了，下一个轮到的是你。但是这些机会并不常有，即使出现，人们通常也只是按照常规惯例行事。

在西方，大部分非常规惯例的机会都是留给领导的。如你所知，这些人掌握着"发言的权杖"，而那些想展示价值的普通人却往往没有这样的权杖。

社交暗示倾向于奖励那些坚持常规惯例的人。这些人往往只会说些别人都会说的话，或者说些别人之前说过的话。如果你跟随这个常规剧本，让事情保持在舒适区发展，那么你就能获得更多的常规机会。

但问题是，你想要舒适，还是想要被别人看到价值？你想要基于科技的联系，还是基于自身价值和意义的深度关系？

因为让一个人放弃舒适是很难的，所以你可能会对讲自己的故事有抵触情绪。好消息是，巅峰故事能为你消除这些抵触情绪。它能帮小到14岁大到90岁的人，因此，我相信它也能帮到你。

放松，别担心，你可以的。

🎤 预备姿势

当那一刻来临，当埋头电子设备的人们抬起头，你需要站进击球区做好挥杆的预备姿势。

"为什么站在我面前？""说说你吧。"仅此一击，你已出局。他们再次埋头电子设备。

想象下一个你需要讲述自己的故事的场景。这个场景可能是一次发展客户的谈话，可能是入职一份新工作，可能是一次校友返校交流,还可能是一个线上会议的嘉宾发言……总之,它是某个高风险的社交时刻。

此时,你需要一个故事,但你却没有。因为你想不出什么特别可说的事,因此你和别人一样,说别人说过的话,演奏其他人都会的曲子,讲公式化的故事。当然,你也会得到和他们一样的反馈。

但是,你也可以准备好一个能展示自己价值的巅峰故事。

增加对话互动

巅峰故事能唤醒听众,增加对话的可能性,而且这样的互动能把你带到新的地方,为你呈现一个新的世界。

当你开始讲述自己的巅峰故事,它将为你赢得听众的支持,听众也会开始向你透露他们的人生故事。通过他们的措辞、语音、语调、肢体动作,你会发现他们听懂了。他们"拥有"了你,也就是说他们理解了你。

讲故事的本质是在讲话者和听众之间建立互动,即使在听众很多的时候，互动也是有效的。当你讲故事的时候，你不仅能感觉到更多的个人联系，你与听众的关系也更紧密了。如果你观察了听众的反应，那么你很快就会明白这一点。这样的变化会让你感到整个人都被解放了。

这样说吧，每次重复如出一辙的故事，唱同一首老歌，就像用双手在沙滩上挖了一条沟槽，你眼看着沟槽越挖越深。当讲话的机会来临，也就是当潮水涌上来的时候，海水直灌而入。海水很自然地冲进了这条沟槽，也就是你一再重复的老路。

这是一条错误的途径。

不管你得到的这个讲话机会的时长是92秒、3分半钟、8分钟，还是30分钟，你都需要重新规划一条路，通过引用关键元素的模式来阐释你的身份。

🎤 为什么要讲故事

我听过很多开创性的个人故事案例，它们甚至惊艳到我了，毕竟这是"我发明的"方法。

以我的移民学生安娜为例，她是一个可以和男孩子摔跤的女摔跤手，因此，你可以看出她非常自信。课程一开始，当我刚刚介绍完这个系统，她停顿了一下。"哇哦，等一下。我真得重新考虑一下了。我不能只是自信地讲话，我还要讲出真内容。"然后她更深入地回顾并研究了一下自己的生活。

结果你看，当课程结束后，也就是大约9周后，她来到我面前，随口说道："博士，告诉你个好消息，我在罗德岛基金会的面试中讲了自己的故事，然后获得了奖学金。"我说："等等，你做了什么？"她说："你没听错，我按照你课堂上教的内容讲了我的故事。"我说："等一下。你讲了自己的故事，然后获得了奖学金。是很多奖学金吗？"她说："哦，是的，两万美元。"我说："你的故事值两万美元？"她说："是的，任选一所学校，每年两万美元。"我说："等会儿。你要读4年，也就是一共8万美元！恭喜啊！"她说："是啊，做自己并得到回报的感觉真的很好。很快，我就要面试一个自己喜欢的实习工作,现在我想和你谈谈到时候我该怎么讲自己的故事。"我说:"哈哈,看来你已经对讲故事上瘾了!"

用巅峰故事模型讲故事就会遇到这种好事。它能帮你克服问题,并让你得到好结果。

🎤 书写故事

学会讲巅峰故事还是要付出一些努力的,因为你需要花费一些时间。但这是值得的。作为回报,它可以让你感受到意义,勾起你的回忆,并激发怀旧之情;它还可以让你成为类似网飞会员系列剧集或亚马逊会员系列剧集的编剧,你会因此开始构建关于自己的生活剧集。你的剧也可以像那些电视热播剧一样,被人们追捧。剧情的高潮或低潮都由你说了算,你既是导演,又是制作人,还是编辑。这一切就只需要你的生活经历做素材。

你会开始意识到自己经历过的事情都是有意义的,而且你可以塑造这些意义。你与自己的连接变多了,这让你感觉良好。你会发现自己的肢体语言在很多场景中开始发生变化：与人见面时、做自我介绍时、参加客户发展会议时，或者以领导或老板的身份发表演讲时。你的姿态变得更加舒展，既没有目光闪烁，也没有双手乱舞；你的心态变得更加稳定，不再慌乱，不再神经质；你讲着自己的故事，感觉更踏实了。

如果你拒绝讲自己的巅峰故事，那么你就会和其他人一样重蹈覆辙。你知道自己和别人不一样，但是随着你一遍遍地重复老旧的故事模式，那个旧的"沟槽"就会越来越深。你的生活经历消失在尘埃中、落叶里，消失在人们清扫过的痕迹里，只剩下一个情绪不稳定的你，因为你没有向人们展示出真正的自己。

🎤 巅峰故事的商业意义

当人们听你讲巅峰故事时，他们不仅能在你的叙述中发现其人文主义的一面，还能发现其商业应用的一面。

我们的生活经历与别人的生活经历是相互联系的，

因此,你的故事激起的火花不仅是理性分析的火花。它超越了"你的资产负债表怎么样"或"你的投资回报率是多少"这样的问题。更直接地说,它激起的还有人际连接的火花,因此这就变成了一种更人性化的业务交流。

这不正是我们所有人都想从高风险时刻的对话中想得到的东西吗?难道我们不希望自己的工作根植于我们生而为人的本性吗?

或许我们都想要这样的结果,但是还有一个挑战:"我应该怎样构建或合成自己的故事?"在我刚开始创建巅峰故事模型时,我咨询过哈佛大学心理学与教育学教授霍华德·加德纳,我跟他讨论了故事在商业中的应用。加德纳因他的多元智力理论而闻名。之后,他又提出了"未来的5种思维方式"。加德纳指出,未来每个人都必须发展5种思维方式:学科型思维方式,以精通至少一个专业;整合型思维方式,以组织分析大量的信息;创造型思维方式,以调研新现象以及提出未知的问题;尊重型思维方式,以欣赏人的差异;道德型思维方式,以履行我们作为公民的义务。

加德纳清楚地看到了巅峰故事模型的价值,即帮助企业家们更好地交流独特的综合性知识,并推广他们的想法。他认为我提出的这种方法很有必要,他写道:"我认同你说的整合能力对企业家的重要性,你正确地指出了企业家需要向他人展示出整合能力。创业者需要学习教育界的'教学法'这个术语,即学习如何与拥有不同程度的知识或专业技能的人交流。"巅峰故事模型提供了一种加德纳认为很必要的东西——一张地图、一个系统和一个流程图,帮助商界人士应对他们在整合价值时遇到的挑战。

增添价值

在生意场或职场中,说得不好意味着再也没有机会。如果你要重复17次才能说明白自己的故事,没有人会有这样的耐心。没有人会说:"结果不怎么样,但你还有一次机会来说服我。"也没有人会说:"这是一次糟糕的面试，但没事，我们可以再约。我很乐意将我的日程安排分享给你，你可以再花 5 个小时来说服我，因为我除了听你说话，实在没有别的事可做。"做好准备工作，不仅是为了尊重自己的故事，也是为了尊重你的听众。不要浪费他们的时间，请直接开始真正的表演。告诉他们你主演的热播剧的剧情，包括那些过去的、即将过去的、现在的以及未来可能发生的剧情。只有热播剧才有机会讲故事，才有机会传播故事。

这时，你开始重新练习讲故事的肌肉。你开始对很多重要时刻极度敏锐：哪些时刻可以证明你的过往，哪些时刻可以预测你的未来。一旦你发现这些碎片，你就可以开始把它们整合在一起。当然，整合需要花费一点时间。你变得非常有活力，你想尽快去现场一试身手。但在这之前我们还有事要做，因为一旦走进现场，我们就没有退路了。因此，我们先要花时间做些准备工作。

现在，请留意那些给你的生活带来价值的时刻，比如你克服了某个困难的时刻，比如你创造性地完成了某项合作的时刻。你越是花时间寻找，你就越容易发现这样的时刻。这就像你买了一双特定风格的鞋子,然后你发现原来有那么多人也有同样的鞋子。或者,你买了一辆大众高尔夫,然后你发现原来有那么多人都开大众高尔夫。

识别其他案例是为了验证我们的选择。这就像是一个循环,意识增强引发注意力集中,注意力集中带来奖励。这就是你在讲述巅峰故事时会发生的事情。你变得更加专注了,你展示了自己的故事,并得到了奖励。

保持真实性

影视剧里有各种各样的故事。

我们为什么可以在网飞或其他流媒体上免费看预告片?因为这样我们就能知道这部剧是否值得看了。这样我们就可以评估这个故事了。

但是你或许没意识到我们评估得有多快。回想一下,你只要花一两分钟看某部热播剧,然后你就能决定自己是否要继续看它。这就是我们决定购买与否的方式。

你为什么买这本书？或许是因为标题，或许是因为作者的个人简介，或许是因为你突然想到了什么，然后就买了这本书。什么，你只看了 100 字？200 字？然后就买了这本有十来万字的书？

顺便问一下，你觉得我在这个书名和自己的简介上花了多少心血？答案是很多。因为这是唯一能让你觉得值得花更多时间阅读整本书的机会。

网飞热播剧是同样的道理，讲故事也是如此。当你告诉别人你的故事时，你其实是在尝试让别人看到你的价值：你值得他们投资时间或金钱；你值得他们给你介绍那些可以雇佣你的人，以及那些可以让你的服务发挥作用的人；你值得他们给你介绍他们公司里参与咨询会谈的人，比如某类顾问。你在游说他人来认可你的价值，因为价值会为你带来机会。

🎤 价值带来的优势

所有的现代研究都表明，人们希望在工作中展现自己的价值。当今的员工想要的也是做有意义的工作，以及拥有自我表达的机会。

他们能在哪里得到这样的机会？在西方，人力资源部往往不会给他们机会，大学里往往也没有什么机会。

想象一下，一旦你学会了讲述自己的巅峰故事，你将拥有什么样的优势。那些不会说话的人依然毫无特色，人云亦云，他们争相冲进那条老路。但如果你能讲好自己的故事，那么你就能激活自己的代理权和自由意志，你就可以成为自己生活的作者，从而更积极地参与到自己的生活中去。

🎤 自我决定论

在心理学上，这种自我创作的行为完全符合所谓的自我决定论。自我决定论指出，人有3种基本的心理需求，即自主需求、归属需求和能力需求。

自我决定论领域的最新研究发现，人类既想要保持身体健康和心理健康，也想要正向的激励和良好的发展。

从基本层面上讲，首先，这意味着我们需要感觉自己有选择权，即人有自主需求。其次，我们需要与他人建立关系，即人有归属需求。最后，我们需要在某些方面变得有能力，即人有能力需求。

在下一章，你将通过讲述巅峰故事来到一个地方。在这里，你可以确认自己的自主需求、归属需求和能力需求。在这里，你会感受到自己的故事被认可。

假装是个外星人

这是你要做的第一个真正的练习。放心,这不是什么苦差事。它只需要你做出一点点努力,因为我想让你从不同寻常的角度思考问题,这可能需要一点时间来适应!

我想让你先多了解一下:你有多少次给别人讲过自己的故事,你又有多少次听别人讲过他们的故事。

为了做到这一点,你需要化身为一个研究人类的人。你不需要考虑自己是否够资格,你只需要假想自己是一个刚刚降落在地球上的外星人,你正试图通过观察以及倾听来了解人类。

选择一个你可以进行"窃听"的地方。这个地方可以是某个会议场所,可以是消磨时光的公园,可以是机场,可以是喝咖啡的小餐馆,甚至可以是办公室。

在有社交距离的地方,你很难进行"窃听",理想的地方是一个你能听到人们做自我介绍或他们跟朋友聊最近发生的新闻的地方。如果你在现实生活中办不到这一点，那么你就试着听听电视上、广播里的聊天或访谈节目。

听听人们在说什么，留意故事发生到哪个阶段了：是刚开始打电话的阶段吗？是到了正式介绍的阶段吗？还是到了语音电话会议、视频电话会议或现场互动的阶段？

什么类型的故事或时刻让你印象深刻？又是什么类型的故事或时刻让你走神？

认真地观察他们击中了目标，还是没击中目标，以及这是一个好球，还是一个坏球。你是否注意到有人完全没有击中目标？

如果你想提高难度等级，那么请你同时留意听者的肢体语言，你看到了什么？再看说话人的肢体语言，你看到了什么？你是否看到有人开始走神了？

回顾所见所闻，你这个外星人对人类这个"外来物种"了解了多少？哪些故事之间有联系，哪些故事之间没有联系？

把它们都列出来，记录在你的日记里。记下任何让你印象深刻的事物。

现在你正转动着自己的社交雷达，这个社交雷达也正是你的"故事雷达"。

第 2 章

理解你的故事，理解你自己

我们人类有一种相当具有讽刺意味的习性：当我们迷路的时候，我们跑得反而更快。

——罗洛·梅

在过去的西方，讲故事是一种特权。有机会讲自己故事的人要么是老师或校长，要么是某部门或组织的领导，要么是政治家或名人。掌权的人才拥有讲故事的机会。同时，这些人也是会议的控制人，他们决定了会议何时开始，何时结束，是否延迟。

现在情况不一样了。2014年，韦莱韬悦在一项关于员工体验的研究中发现，如今的员工想要的东西与过去几代人想要的东西截然不同。他们不只想要更高的薪水或晋升的机会，他们也想要自己的工作有意义。

欢迎来到一个翻转的世界。

我们不再把工作看作单纯的领导者与追随者的游戏，相反，我们想要每个人都有发言权。在大学、学院或学校里，学生的声音很重要；在社会组织里，员工的声音很重要。

🎤 故事很重要

现在,每个人都有自己的声音和故事,这不仅不会降低故事的重要性,反而会让故事变得更重要。

随着自上而下的组织等级的消失,每个人都会有更多的机会讲述自己的故事。在这个翻转的世界里,每个人都是领导者。

2014年去世的沃伦·本尼斯是领导学领域最重要的教授之一,他观察总结道:"成为领导者就是成为你自己,就是这么简单,也是这么困难。"不过,我会把它变得更简单。

我先来说说自己为什么会喜欢他这句话。因为领导者是能影响他人的人,所以成为领导者就是学习如何影响他人。只有一种方法可以做到这一点,那就是"沟通"。这意味着,通过学习如何影响他人这种沟通方式,你也可以成为你自己。当然,这里面得加上一些努力。

这就是讲故事的作用，它既能帮助我们成为我们自己，也能帮助我们回答一个古老的哲学问题："我是谁？"这样一来，我们也就能回答最开始的问题——"说说你吧。"巅峰故事可以教我们如何收回自己的发言权，并且讲出自己的故事。它向我们展示出，我们的经历如何塑造了我们向世界呈现自己的方式，以及世界接受我们的方式。

我们可以通过修辞呈现有意义的自我身份，修辞不是指花哨的雄辩术和阐释。修辞不过是一个名词，我的意思是我们可以通过一种方法，即讲述巅峰故事来处理口语词汇。也就是说，巅峰故事是我们讲故事时用到的某种设备。

🎤 你是一切的缘起

几十年来，我们都知道讲自己的故事是更好地了解自己的一种方式。几十年来，亚伯拉罕·马斯洛和罗洛·梅等心理学家一直在研究如何通过自我表达让人们走出困境。

这些理论或研究属于广义的人本主义。它的核心观点是，了解自己能催生出我们自私本性中积极的一面，从而让我们利用自我认识最大限度地实现目标。当然，你在这个过程中也要顾及他人和人际关系。自私本性中积极的一面鼓励我们问自己："在争取我们想要的东西，比如工作、面试、学校、晋升、权利时，我们该如何更好地了解自己？"尽管还有很多相关研究，但我决定就此打住，因为这里面有太多的细节。

简单来说就是："你很重要。"你一直都很重要，这我知道。但在当今翻转的世界里，这更容易被接受。当今社会也更加认可每个人都很重要。

以社交媒体的兴起为例，如今每个人都在各种平台上忙着用理想的照片或帖子来讲述自己的故事。他们在寻找一种能表达"我是这样一种人"的平台，是什么平台无所谓，都可以。

人们会使用社交媒体投影自己的某个版本。我们已经知道心理学家称这种现象为"一份临时身份证明"。它的目的是让任何看到照片或帖子的人对你有一个印象，但这是临时的印象,因为当他们了解了更多的你或见到你真人时,这种印象就会改变。某种临时身份证明并不能展现你全部的故事。它其实只是在说:"我觉得这有点酷。"看看社交媒体上朋友们的帖子,他们说过比这更有意义的话吗?这就好像有人发出邀请,"说说你吧",然后你说:"周二我去冲浪了,这太棒了!太阳刚刚跳出地平线,那是白天的第一缕光。"这不是讲故事,这只是个报告,它不能揭示全部的你。

🎤 自我事件的连接

巅峰故事是建立在自我事件的连接之上的。

如果你不知道什么是"自我事件的连接",那么你也不必惊慌。"自我事件"是你的生命中有意义、有广泛影响的重要时刻。换句话说,"自我事件的连接"就是那些证明重要时刻对你很重要的证据。"自我事件的连接"存在于我们生活的各个方面:工作、家庭、朋友、娱乐、精神。要在巅峰故事中表达自我,我们需要研究自己，找到这些自我事件之间的连接，并读懂它们的含义。

在日常生活中，我们从小就学了很多规矩。你的爸妈可能教过你不要打破这些规矩。毕竟他们签了你的"工资单"，而且你要住在他们的房子里。巅峰故事告诉你，这些规矩并不是完全不可打破的。首席执行官们总是在打破规矩中不断发现最好的自己。

要知道，现在讲故事的权力已经逐渐大众化了，不只是首席执行官们能打破规矩，我们都可以打破规矩。

🎤 认领权力

如果成为领导者就是成为自己，那么成为自己也就意味着成为领导者。这是获取权力的另一种说法。权力有很多种，比如在一个组织内，权力来自头衔或职位。强制权意味着你有权惩罚不做事的人，而奖励权意味着你有权奖励做事的人。

这些权力并不是所有人都能拥有的，但是有一种权力我们都可以拥有，那就是专家的权力。任何人都可以在自己的故事中加入专业技能。一旦你能有效地做到这一点，你便可以获得另一种权力，即认同的权力。认同的权力能促进良好关系的形成。作为领导者和沟通者，当你拥有了这两种权力，谁还想做一个要么赏胡萝卜要么赏鞭子的领导？那早已不是今天的人想要的领导方式。

如果你只说"我有一个学位"，那么这就显得有点乏味了，比如"我有一个博士学位和一个工商管理学硕士学位。我上过那所学校，我有这个证书"。与其说"这是我从某某技术学校获得的学位"，还不如说"我是受到了祖父的影响才做设计师兼手艺人的，我的祖父是一位木工兼家具制作大师"。这个故事不仅强调了你对专业技能的所有权，还以一种讨人喜欢的风格表达了出来。这个例子向我们展示，人们该如何从自己信任的人那里获取各种类型的权力。

现在你明白了，这很简单。也许，你已经知道如何修饰自己故事的某个部分以及如何再多说一点，你甚至想出去尝试一下。

但我劝你暂时不要这么做。

你还没有准备好冲进去说:"这就是为什么我这个人有价值。"朋友们,我们必须再做点准备工作。

在把自我事件的连接植入故事之前,我们还必须找出哪些连接是重要的。这时,我们就必须再回头继续问那个古老的哲学问题:"我是谁?"

✏ 9种重要的生活经历

找出自我事件的连接,并不是那么容易,因为我们的生活节奏太快了,我们已经有了成百上千大大小小的生活经历。故事脉络梳理可以帮助我们识别其中的一小部分。

识别多少种?9种就够了。如果你能识别9种重要的生活经历,那么游戏就已经开始了。这个游戏的目的就是赢,除了赢得关注、赢得听众,你还能赢得价值分数,因为你能因此证明自己有价值、有意义。

一旦选定这些重要的生活经历,我将教你如何检查、标记以及扩展那些能帮你识别这些经历的要素。你有什么样的能力？你的动机是什么？那是怎样一种"有力量的情境"？当时周围都有什么人？

放松点，这不是什么学术作业。这只是尝试从一个稍微不同的角度回顾你的生活。

🎤 精彩片段

我们大多数时候都很忙，因此我们往往不假思索就开始聊天："我周二去冲浪了，这感觉棒极了。"这个肤浅的描述之下隐藏着某些生活经历，我们需要把它们挖掘出来，植入我们的故事里。这就像那些热播影视剧的预告片，看了之后你会想说："哦，我想去看那部电影。"我们需要挑选出那些能引起观众兴趣、帮我们赢得关注的片段，这些片段能让他们感到好奇。

你的故事不一定要完全出人意料，但它至少要能激发听众的兴趣，让观众从麻醉状态中清醒过来。这说明你了解自己的故事，因此你也了解你自己。这种了解要在他人意料之外的时刻植入。他们本来期待你说说你的学历、你的住所、你有几个孩子,以及这些标准模式下的枯燥信息,然而,他们听到了相当有内容的信息,于是,听众们脑袋一歪,他们被你吸引了。

我们人类拥有很棒的社交雷达。它有时候会进入休眠状态,但是当有人从标准的故事模式中跳出来讲一些出人意料的话题时,它就会再次启动。

去瞧瞧为什么有些人录制的视频会像病毒一样传播吧,他们之所以能赢得关注,是因为他们讲的内容是真诚的、清晰的。

探索过往经历

当我们识别这些生活经历后,我们就要通过贴标签来进行分类了,然后我们需要确定如何更好地把它们应用到故事里。我们需要对它们进行评分:这种是 9 分,那种或许应该是 5 分……让我暂时先贴上这个分数,然后再想想……这种只能给 2 分,虽然它确实也能帮我们更好地理解自己,但是我们不能把它应用到故事里。

要做到这一点,你就要回头看之前的经历,思考两三次,甚至四五次。

如果用一个术语来表达这种做法,那么它就是现象学。现象就是发生在你生活中的所有重要事物。现象学是埃德蒙德·胡塞尔在20世纪初创立的,他认为,如果一个人一再审视自己的生活,那么他就会对自己的经历有更深刻的认识。为了向这一理论表达敬意,"巅峰故事"这个模型最初的名字是"讲述现象学故事"。我是在研究生期间学会将现象学作为社会科学研究的一种方法的,我选择用现象学来研究生活体验的质量。

从学术意义上看,这真的妙不可言。从现实意义上看,它就更妙了。它就是说得通。

也许你会对自己说:"我以前也思考过这些生活片段。"我相信你的确思考过,毕竟,这是你的生活。

但是,你有没有再三思量?你有没有记日记?你有没有辨别生活经历的组成要素?你有没有想过它们与哪些人、哪些地方、哪些脑力肌肉、哪些动机有关?你当时有没有使用领导力、创造力、适应能力和分析能力?

你是否整合了这些能力,变成了一个鼓舞人心的领导者?你是被动去做的,还是主动去做的?

当你追溯自己的家族文化或基因渊源时,你将学会问这一类的问题。你将学会给过去的经历赋予各种价值,弄清楚它们说明了你有哪种通用能力,以及它们是如何创造正能量的。

✏ 身份内容

如何把某种经历融合到你的个人故事里?这其中的关键就是身份内容(identity content)。

2010年,心理学研究员简·达顿和她的同事们研究了这个问题。他们认为,一个人如果拥有以下6种品质中的一种,他就可以说自己拥有积极的身份:有美德、讨人喜欢、肯上进、有适应性、平衡、和谐。拥有这6种品质的人,最有可能获得积极的身份认同,顺便说一下,这些品质也可以是巅峰故事的内容要素。

这似乎很简单,但我问自己:"那些有结构的故事是如何把这样的生活经历囊括其中的?"我发现人们想要的身份内容不过是真实的故事。人们想要了解他人及其价值,人们想要有证据支撑的身份内容。

这就像一个好的律师在游说法官,他会引用判例(译者注:欧美法律以判例法为主导,中国法律以制定法为主导。判例法指可用先前的判决作为判案的依据。)作为证据。也许你不是电视上庭审中的演说家,但你可以在讲故事的过程中插入自己过往的生活经历,这些经历对你的案件胜诉是有价值的。

这就是为什么我们要梳理讲故事的意图,这样我们就可以从生活中为特定的听众挑选特定的证据,以便从听众那里得到我们想要的回应。

在这种方法里,自我探索占有很大的分量。在我看来,自我探索是最好的研究。即使只是简单地用巅峰故事这个模型构建故事,你也会变得更自知。当你决定讲述自己的故事时,你得到的东西会更多,你的人际关系会变得更和谐;你对语境的作用的理解会更深刻,也就是说,你能更聪明地知道如何在特定的时间、地点,对特定的人或人群使用特定的讲述语境。

🎤 淘汰消极剧本

让我们谈谈哪些地方可能会出问题吧。

想一想别人都是怎么讲故事的。想一想他们使用的语言："我考取了这个领域的证书。""我拿到注册金融分析师证书好几年了。""我在雷曼兄弟公司工作过。""爱德华·琼斯是我祖父的朋友。"如果你也这样说，那么我根本就不在乎你说的。没有人会在乎你说的。

在心理学上，这种"电梯里的游说"（译者注：电梯里的游说指的是用极具吸引力的方式简明扼要地阐述自己的观点。）往往会在听众大脑中唤醒消极认知剧本。这就像是某种不良反应点亮了某人的大脑，在无意识中，它鼓励人们以消极的方式评价你以及你的行为。

换一种说法，意思就是："见鬼，你把我讲睡着了，你弄得我头昏脑涨。"有相同工作经历或者职位的人常常会说出类似的内容，这些不断重复的内容会创造出一个消极认知剧本。这就像给听众打了麻醉药,更糟糕的是,听众会对此采取掩护、逃跑或藏匿的策略,他们会从心理上把讲话者屏蔽掉。

因此问题在于,你是否做了自我探索,你是否讲了一个听众愿意听的故事,或者你是否交出了别人评判你的权力?

让我来举个消极认知剧本的例子,以便确认你是否理解了我的意思。假如你在看一辆车,你在网上已经看了几十辆,上百辆,甚至上千辆。然后你走进某个专卖店,有个人走过来问道:"有什么可以帮你的吗?"你的第一反应是:"不需要,我就看看。"胡说!他们当然能够帮到你。这也是你来这里的原因。

但是相反,你撒谎了,那个过来想帮你的销售人员可能是退休的学校老师,可能当过警察,可能是全优的学生。为什么你会对他撒谎?因为你听到了我们所谓的"消极语言"。在一个汽车专卖店里,"有什么可以帮你的吗?"这句话总是让人有消极联想。

我为这些汽车销售人员感到难过。他们中的很多人都是非常好的人，但是他们被否定了，因为消极认知剧本的影响太强烈了。你甚至不想知道他们为什么要去卖车。你不关心，也不会听。

这就是我们会因为一个人的工作角色对他的个人品质产生偏见的例子。

🎤 薄切片

作家马尔科姆·格拉德威尔谈到了"薄切片"（thin slice）的概念，我称之为错误切片。这个概念描述的是我们只了解某人的一小部分，而不是他整个人，而且我们了解到的这一小部分还可能是错误的。因此，当我们评价某个人时，我们的评价往往是在错误证据上做出的错误判断。

如果你没有准备好自己的故事，那么结果就会像这样。这就像是有人给了你一个自我介绍的机会，你却搞砸了。

于是，你的衣着、体态、年龄、性别和职位开始压倒你的故事，压倒你说的任何话，你留给听众的只剩那个错误切片。

如果你讲的都是别人常说的内容，那么你就会启动听众大脑中的消极评价或非积极评价。

你本来有机会消除这个错误切片，但你却搞砸了它。

认识一下蓝点时刻

我们必须做点准备工作，先从研究自我事件的连接和个人的重要经历开始吧。

为此我创造了一个新术语"蓝点"（blue dots）。某次我在白板上展示初版的巅峰故事示意图时，我随手拿起一只蓝色马克笔标记了那些重要时刻，并且一直将这一做法沿用至今。蓝色让我感觉良好，它让我想到湛蓝的天空，让我感觉生活美好。因此，课堂上的学生们开始叫这些重要时刻为"蓝点"时刻。

这就是这个术语的来源。

你可以有上百个蓝点时刻，但是我的研究发现，最好集中选择 9 个。从这 9 个中再选出 3 个。其他 6 个蓝点时刻也很重要，因为随着你对自己故事的挖掘，你或许会想轮换使用其他的蓝点时刻。但是总体来说，每个巅峰故事最终只需要 3 个蓝点时刻。

🎤 连接蓝点时刻

你可能一时还辨别不出自己的蓝点时刻。不用担心，我会帮你的。现在我们还无法预测它们的样子。你现在只需要知道会有 3 个蓝点时刻出现，而且是"你"来选择它们。你需要选哪 3 个蓝点时刻来整合一个巅峰故事，取决于讲述故事的时间和地点。

讲故事要视情况而定，要有针对性。这就像自定义网络小视频一样，你要在特定的时间显示特定的角色。例如，如果我的演讲对象是美国海军，那么我就会强调自己在拉萨尔军校的经历；如果演讲对象是非工程类的艺术爱好者，一群在美国麻省当代艺术馆周边工作的人，这时候我就不会以同样的方式强调我在军校的经历，我会选择一段完全不同的重要经历。

你不必在每个故事中都使用相同的几个蓝点时刻。但是，如果你重复使用了它们，那么你也不要担心。你猜怎么着？如果你的故事有连贯性，那么它是经得起一定程度的重复的。

想想看，如果你一遍又一遍地听某人的故事，那么你不会说："哦，我以前听过这个故事。"相反，如果一个人反复说他们的职位或证书的话，那么他们的思维就是僵化的。因此，重复讲过往的生活经历其实会让你感觉，你跟自己的故事连接得更紧密了。

🎤 知道去哪里

请看下面这个示意图。这个示意图基本上说明了为什么人们很难介绍自己。

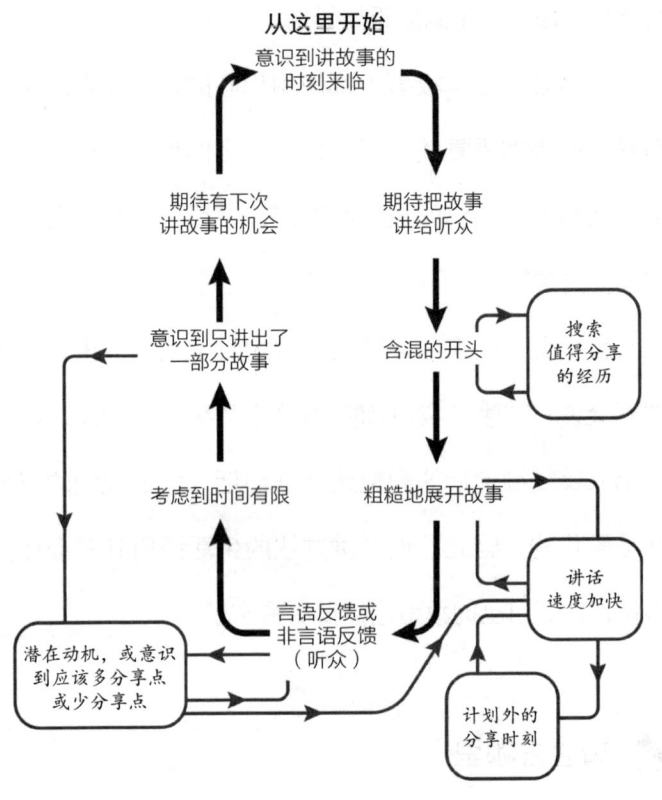

在这个示意图中，最关键的部分是其中一个版块，上面写着"搜索值得分享的经历"。如果你已经对自己过去的经历和现在的状况进行了比较，那么你就不必担心这一部分，因为你在讲述自己的故事时几乎已经可以实现"自动驾驶"自己的故事了。稍后，我们将讨论如何边讲故事边调整。

你不需要在"含混的开头"和"粗糙地展开故事"这些版块纠结。你不会想成为那样的人的,因为那类人只会愣在他们开始的地方。

你可以让故事随着人们的反应而展开,然后是一个接一个的蓝点时刻,因为你知道自己的故事在随着蓝点时刻逐渐上升到顶峰,即从英雄的蓝点时刻到协作的蓝点时刻,最后再到超我的蓝点时刻。

这3个蓝点时刻组成的故事就是我们所说的"巅峰故事"。

巅峰故事要帮你表达的内容,概括起来大概就是:我的价值与你们所寻找的东西完全一致。你们看得很清楚,这一刻我是有价值的,我的故事让我和你们都看清楚了我的价值。看着我,这一切都说得通。你是想继续我们的对话,还是想多了解我一点?要雇佣我吗?要接受我进入你的学校、项目或研究所吗?你们明白我就是你们想要的人。

这就是你的巅峰故事。

回到过去

梳理故事脉络是指区分生活中的事件或某个生活时刻,区分依据是它们对整个故事可能带来的贡献。别担心,我们已经无意识地做过类似的事了,我们每个人都做过,只是我们没有用语言将其表达出来。

每个人都在自己的大脑里进行过自言自语式的叙事。这种叙事是一种基于真相的语言表现形式,它是一种有价值的创造性陈述。当你讲完自己的故事后,你听到听众转身离开的时候评价说:"哇,太棒了。终于发现了一个真正有价值的人。"这个时候,你就已经知道如何梳理故事脉络了。这就是为什么你会在乎人们是否对你社交媒体上发布的东西有积极的反应,这就是为什么一个点赞会让人感觉良好。

如果你看到了自己的价值,那么你是否会感觉更好呢?

试着翻找一下自己的记忆内存。例如，社交媒体软件给你推送的一年前或者五年前的那些帖子或照片；如果你是怀旧派，那么请你试着翻看一下自己的老式相册。

在你翻看旧照片或帖子的时候，你就已经开始试图理解大脑在过去某个特定时刻是如何考虑一些事情的，这些事情对你的故事可能很重要。

试着找出一两张照片。这些照片在某个特定的时期脱颖而出，或者让你心头一动。

为什么选择这两张？它们是如何刻画你的身份的？

为每一张照片写一段分析，并将其记录在日记里。

如果你想从这些选中的照片中发掘更多内容，那么你就试着问自己如下问题：

照片的哪些地方刻画了你的身份，是照片里的地点，是当时你正在处理的事，还是当时你身边的人物？

那是你职业生涯、大学生活或高中生活的转折点吗？

你当时只是偶然想随心所欲地找点乐子吗？还是你当时正在探索或创造新的东西？

你当时是在一个团队中，还是一个人？你当时这么做是在为自己冒险,还是为了支持别人?

　　这便是你要做的第一步,通过问题分析旧照片。然后你要做的便是思考构成故事的时刻,以及如何向听众展示这些时刻。

第 3 章

呈现独特的个人故事

有交流，才有所谓的社群。也就是说，交流是为了相互理解、相互成就以及获得亲密关系。

——罗洛·梅

呈现个人故事并不像看起来那么简单，你需要结合自己的身份和工作经历来实现这一点，这具有一定的挑战性。不过好消息是，最终你会发现这一切都是值得努力的。当完成这个阶段后，你就可以着手构建故事了。

弄清楚故事是什么只是巅峰故事模型的一个部分，接下来的部分是如何将其有效地讲述出来。这需要长期的投入，这时你就像一个优秀的编剧一样，你需要把一段段情节拼凑在一起。你必须时常反思并做计划，你需要针对不同的听众呈现不同的片段。

在一些人看来，他们自己的故事和别人的故事可能很不一样。不用担心，**巅峰故事模型**适用于所有人。我们将帮助你找到故事的关键部分，并以此为基础构建故事。不管你讲故事的理由是什么，它都适用。

🎤 身份争论

好消息是，当别人问"你到底是谁"的时候，比起"让我给你讲个故事"，直接热情地"讲故事"更有可能让你抓住这个讲故事的机会。

我之所以说身份有争论，是因为人们看待身份的方法不一样。如果人类关于身份的认知是一个连续变化的集合，那么，这个集合的第一个元素是"身份是固定的"，最后一个元素则是"身份是不断展开的、建构的"。每个人都有特定的神经系统、特定的性情、特定的基准能力或者特定的思考方式（身份是固定的），这是事实。然而，事情会随着生活而发展或改变（身份是变化的），这也是事实。

我们的社会身份或者自我身份是遗传因素和环境因素交互影响的结果，但有时候人们也会说："好吧，我就是这样的人。"

现在的情况是，你变成了某个拿着钢笔，敲打着键盘，拿着扩音器大声喊的编导。你在导演自己的故事，你控制着哪些故事可以讲、哪些故事不可以讲。

如你所说,你出生的方式很特别,你生活的地方很特别,你的秉性和动机也很特别,因为你小时候没有得到足够的关注,所以你喜欢表演。你变得更像一个作家兼演员,这样你就可以同时发挥沟通力、创造力和领导力。而现在的你仍然需要得到关注,仍然需要擅长一些东西。但是,你也可以改变自己的行为方式,因为你有自主需求,你是自己的代理人。

根据你过去的经历、当下的生活和未来的可能性,你开始想象自己将来可能会如何生活,如何工作,以及如何进入人生的下一个篇章。有时候你马上就能看到一些选项,有时候你可能需要付出一些努力来增加自己的想象力。为了让自己对未来有感觉,你需要尝试进行各种版本的想象,而不是直面固定的"下一个"时刻。一个很有用的方法就是,你可以准备很多可能的选项:住在某个特定的街区或地方;以不同的方式进行娱乐活动,比如徒步旅行或待在海滩;去养马;去非营利组织工作……挖掘你的想象力,把所有的可能性都列出来。

在现象学里，我们称这些选项为"想象的变式"。

为什么我们需要这么多想象？因为在某些情况下，你必须想象或阐释生活中可能出现的下一个时刻，这就是你的自传才能！而且，最终你会发现这些想象中的时刻既是可靠的，也是有价值的。让人感到开心的一点是，此时你已经对自己的动机、能力、人格，以及自己想要去哪里工作和生活有所了解了。

这不是一个社会科学实验，这是你的生活。但"想象的变式"这个词组还是有用的，因为它帮我们看到了更多的可能性。这些想象必须是基于当下的生活经历和过去的生活经历，这样你的故事才有可能延续之前的情节主线，才有相关性、普遍性和建构意义。

🎤 一个案例研究

我有一个客户，他曾在医学院读医学预科，但他后来去读了工商管理学硕士。如今，他是一家制药公司的高管。

当我们开始整理他的故事时,他说:"我不知道该怎么把我父亲是一名医生这件事写进我的个人故事。如果我提到这件事,那么我会感觉自己像是在拍其他医生的马屁。"他没有跟别的医生提起过他的父亲也是一名医生,因为他不知道如何处理这些信息。也就是说,他不知道如何让这件事在他的故事里具有相关性、普遍性和建构意义。他从医学预科转到了工商管理,他不知道自己当时为什么这样做,以及这件事在他的故事里有什么意义。

他知道自己所做的事情跟自己有医学背景的家庭存在某种关联,但他没有工具帮他搞清楚这种关联可能是什么。

因此我们一起书写了他的故事,并且回顾了他的个人故事的情节主线。

然后,他说:"好吧,现在我知道自己喜欢在生产和收获中迎接挑战,也就是说,我喜欢尽快搞定一件事。但如果我选择当医生,那么我需要很长时间才能搞定一件事。因此,我想从工商管理学硕士的角度与我的医学家庭背景进行关联。我仍然可以与像我父亲一样的人一起工作，同时，作为一个领导者和生产者，我能更快地发挥影响力，从而帮助药物更快地进入市场，这显然是一个更符合我性格的选项。总之，我的动机是把自己的领导力、组织力与自己的工作关联起来。

"我知道事情是如何运作的，我每天都能完成一些事情。与此同时，对于那些进行临床实验来研制新药的研究人员，我深怀敬意，因为他们，我才有机会发挥我的组织力和领导力。"现在他为自己的故事找到了连接点，听到他故事的人就会说："哇，这家伙在一个医生家庭长大，而且他以医学为荣。"也正是因为如此，他更容易在制药行业面试时成功得到他想要的工作。

✒ 法律冷漠的一面

巅峰故事模型其中一个用处就是教你将看起来没有意义的生活时刻，融入一个相关的、普遍的、有构建意义的故事中。

我们再来看另外一个案例。我有一个学生曾经坐过牢。他本是一个专科学院毕业生，有一天，他在喝了几杯鸡尾酒后竟决定去挪动某辆警车。

就是这样一个人，他想找一份指导和帮助别人的工作，而且最好是在专科院校里。因此，他要如何在自己的故事中解释坐牢的情节？

在我们搜索解决方案的过程中，我们发现他其实是一个探索者，但他的问题是过于活跃，没有界限感。在这个过程中，他终于明白："瞧，我的探索精神让我陷入了麻烦，因为我没有弄懂减速带的作用。减速带是警示轨道，是界限，它会让我们意识到自己已经快要开出高速公路了，这样我们就不会迷迷糊糊地开出高速公路而不减速了。但我当时不明白这一点。"

然后他讲出了自己的故事，并取得了不错的反响。现在，他在全美范围内为那些囚犯发声。他还与罗杰·威廉姆斯大学合作，在罗德岛惩教部开设了一门课程，以便为将要出狱的人提供工作辅导，而他教授的课程内容就包括故事脉络梳理。

他得到了自己想要的教育领域的工作。现在的他正站在讲台上，做着自己曾经梦寐以求的指导工作。

梳理故事脉络的做法既帮他做好了公共演讲的准备，也帮他审视了自己的内心故事，也就是那些被他自己的某些能力打倒在地、失去平衡的疯狂时刻。

推动你前进的能力有时候也会把你扔进地沟里，因此我们需要学习如何平衡自己的能力。他就是这样的情况。

对那些坐过牢的人来说，讲述巅峰故事特别有帮助。我的同事詹姆斯·蒙泰罗创建了"重返校园项目"，公益歌手约翰·传奇给了他们资金支持。这个项目旨在通过教育手段帮助坐过牢的人重新进入社会，包括帮助他们再次进入大学和职场。蒙泰罗会通过巅峰故事模型帮助个体理解他们人生中的重要经历，这样他们就可以拥有自己的巅峰故事，而不用通过借鉴别人的故事来激励自我。巅峰故事模型能帮助人们找出他们自己的能量故事，并终生拥有它。他们可以用自己的巅峰故事评估自己获得成功的能力，以及自己参与这个世界的能力。

🎤 改变的创造者

不管是制药公司的高管,还是坐过牢的人;不管是英语讲不好的移民小学生,还是罗杰·威廉姆斯大学的大学生,他们每个人都通过巅峰故事模型找到了一种表达方式,一种在现实世界中通过讲故事表达自己身份的方式。

尽管这是一项关于内心世界的工作,但它也收到了外在的效果。

让人感到可喜可贺的是,找到一种适合你的讲故事的方式不是随机且不可控的,相反,它是有规律可循的。这意味着我可以教其他人,当然,我也可以教你。

巅峰故事就是改变的创造者。

有时,它能帮你为非营利组织获得资金支持;有时,它能帮你获得你梦寐以求的晋升;有时,它能帮你进入你想进的学校。在单口喜剧的世界里,让前排的人笑和让整个屋子的人笑是有区别的。这个项目就像是一个你可以期待的约定,一个可以帮你打动每个人的约定。

🎤 即时反馈

当你讲述自己的巅峰故事的时候,你就会理解什么是反馈循环。听众会给你即时的反馈。

得到反馈是很难得的。因为你讲的故事通常都是枯燥的,你已经习惯了得不到反馈。你的故事和职场上其他人的故事版本基本上一样,它往往只会唤醒听众的消极认知剧本。也就是说,其实你可能永远不会得到反馈,因为没有人会告诉你:"这有点无趣。你的故事听起来和其他人一样。"个性化的故事,将成为你独特的签名,它是独属于你的故事印记。有了个性化的故事,你就能轻松、优雅地发布自己的故事,因为故事里真实的时刻会给你信心。当你把这些真实的时刻从你的大脑中转移到纸上,从纸上再转移到别人的耳朵里时,这些真实的时刻就会变得鲜活起来。

🎤 真实是基础

并不是所有重要经历都会展现我们最好的一面，我们还没有准备好把其中的一些说给公众听。但你无论如何不要对他们撒谎。巅峰故事的价值是建立在真实故事之上的。这也是无人能够质疑你的故事，并且你能对它充满信心的必要条件之一。我们没有必要撒谎，但我们可以把某些故事讲得平淡一些，弱化那些与观众的口味或自己要表达的核心观点不一致的地方。如果你在某一领域说得太多，那么你就问问自己，这些内容是否会破坏你想表达的主旨。如果你发现某个时刻虽然很有活力，但它也有一些不太好的东西，那么也许你就不要把这里面包含的所有特质都说出来。

就拿我那个挪警车的学生来说吧，他或许可以这样表达："几年前，我有一段时间失去了平衡，我的行为甚至有些越界。当时，我挪了某个人的车。我并不是要偷那辆车，只是想和他们开个玩笑，然后看看自己的底线在哪里。这么说吧，那件事给我带来了一些麻烦，对方显然不同意我跟他们闹着玩儿。"如果他是在美国首都华盛顿的峰会上讲自己的故事,他不必说自己挪的是一辆警车。但是,如果听众是囚犯,那么他或许可以说出这条信息。这两种情况显然不一样。

因此,在讲故事的时候,我们要学会看情况放大或者扩展我们的蓝点时刻,或者淡化我们的蓝点时刻。

🎤 组装蓝点时刻

说到蓝点时刻,你或许在想:"我想要讲一讲某个故事,但是我不知道把它放在哪里比较合适。"如果换作是我,那么这就像是弄清楚我小时候玩小轮越野车的经历和我现在是大学教授的事实有什么关联。我现在的任务就是看这种自我事件与今天的我有什么关联。一旦我了解了当时的自己,然后告诉人们它们是如何关联的,人们就会接受我的故事。

在这个例子中,我的蓝点时刻,即小时候玩小轮越野车的经历,其实与我的创造性,以及我愿意挑战极限的个性有关。因为玩小轮越野车需要我付诸行动，我得让那辆小轮车飞起来。然后，我还要教别人怎么做那些飞跃翻转的动作，因此从小我就知道自己将来会是一名老师。当我讲这部分的时候，听众就会耸耸肩，摊开手说："对啊，他一直都是老师。他以前教过其他孩子骑小轮越野车。"现在你需要做的事情就是回到过去，抓取清晰且重要的事件，也就是蓝点时刻，然后把它和现在的、近期的或者某个巅峰时刻组装起来。

你会在调研自己不同时期的生活经历时看到不同的东西。因为我的视角是建立在生活经验基础上的，所以我会理解其中所有的微妙之处。但当我使用这些经历的时候，我会根据具体情况对它们进行配置。

回到我的故事，让我们一起回顾一下我玩小轮越野车的经历。关于这段经历，我刚说的内容和我以前说的内容就不一样。我说过自己玩小轮越野车是为了竞争吗？没有，我刚刚没有说这些，我不需要这个细节，因为竞争这个特性已经不是我现在的经历所需要的了。其实在那个时候，我玩小轮越野车也有一部分原因是赢得奖杯。

但是，刚刚我讲的是我是如何成为一名教授的，以及我是如何成为第一个做某些事的人的。因为我在那段经历中展现出的竞争能力和现在的我不相干，所以我不需要说这一点。

🎤 愿不愿意学习

我曾经花了几十年的时间教职场中的人讲故事，最后才意识到有些人其实并不想学习。他们只想按时上班，拿工资，然后下班。

这是可以理解的，毕竟公司和很多社会组织是按照职能划分人员的地方。他们履行自己的工作职能，他们的行为在工作中慢慢变得自动化。或许他们也曾经想做更多，但因为参加会议不在他们的职能范围之内，所以他们甚至都不会被邀请参加某些会议。

在这种情况下，如果人们还想做贡献，那么他们肯定是疯了。正如我们在上一章所提到的那样，现在很大一部分年轻人想有所作为，他们不仅仅是为了薪资和报酬而工作。但问题是，当今的很多企业还没有意识到这一点。

职场里也有一些好的学习案例发生，但毕竟是少数。

美国人仍然习惯以差异和割裂作为手段来组织与统治这个国家，这是从20世纪50年代就开始的模式，这种模式至今仍然存在。也许动机理论和新冠肺炎疫情期间兴起的远程学习模式有助于改变这一状况。我们且走且看。

但是，今天的每个人都想要自我表达，想要建立联系。人们有自主需求、归属需求和能力需求。

人们希望在工作中做出有意义的贡献。研究告诉我们，在入职的头100天，员工最有可能创造机会做出有意义的贡献。是这样的，之后，他们在公司的角色往往就确定了。当然改变还是有可能发生的。但在这之后，如果他们要想改变别人对他们的看法，并且改变他们在公司的角色，那么他们就需要付出更多的努力。

🎤 抓住机会

很多人自始至终都没有机会讲自己的故事,他们也就没有机会表述自己的价值。没有任何社交线索提示他们:"现在该你讲故事了。"但是你不一定就此放弃,你不一定非要等一个正式的邀请。

每个人都好奇你到底是谁,包括那些和你一起工作的人,甚至那些与你萍水相逢的人。"说说你吧",这样的邀请一直都在。如果有人给你机会,让你讲讲自己的故事,那么你有什么理由不说说自己的故事呢?不要放弃,你要抓住这样的机会。

我知道你有能力诠释自己的生活经历,你无须成为一个现象学家、一个心理学家或者一个社会学家,你只要学习巅峰故事模型即可。

我知道你可以,因为我见过这类事发生:他们首先辨别重要的生活时刻,接下来设法了解那些时刻,然后问一些关键问题。最后,他们说:"啊,这就是为什么那件事一直很醒目,但我却从来都没有真正了解它为什么那么醒目的原因。"但是现在他们知道了。

这就是我们在下一章即将学习的内容。我们已经讨论了故事的重要性，以及人们是如何从他们的巅峰故事中获益的。现在，到了一步步地核验这种方法的时候了。

如果这是一场赛车比赛，那么我们此时就需要扣上那条五点式安全带了，因为我们有时候可能会开出路面。但别担心，我们是安全的，因为我们选对了车型，也就是巅峰故事模型。准备好你的笔记本。我们就要迎接大场面了。

出发吧！

解析象征性物品

在这个练习里,请你通过象征性互动思考自己的故事。

象征性互动是一个用于形容我们平时自然而然做的事情的学术术语。在生活中,与特定事件或特定时间有关的物品对你来说有特定意义,比如旅行纪念品或二年级时留下的足球。你会为那些与我们自身紧密相关的物品赋予意义。

请你做个练习。

不管是在书房、在等候室,还是在某种公共交通工具上,当你坐着读这本书的时候,请环顾你的周围。

选择一个你能看到的东西,这个东西与你互动较多。我知道它是无生命的。别担心,我不是让你为它发声。在这个空间里寻找一件能代表你是谁的东西,强迫自己参与这种互动。

有时候互动会自然而然地发生,有时候你需要花点儿力气。撑住,不要放弃。

选一个东西。它是一台电扇,还是一个麦克风?它是一块手表吗,还是某个家伙抓鱼的照片?它是某个健身器材,还是一张便利贴?当然,它也可以是一面旗子、一个学位证书、办公室里的一台打印机、一台扬声器、一个玻璃杯、一个咖啡杯、一个背包、一个领结、一个钥匙链或者一本汽车杂志。

很好,你找到它了。现在我要提高要求了。

现在请放飞你的思想,放飞到你现在所在之地以外的任何地方。闭上眼睛,选择一件能代表你是谁的东西,它与你生活中的一个重要部分有关,比如从你出生到你13岁这段时间。选择一个东西,你能通过这个东西向别人说明你是谁。

过去,很多人会选足球、田径鞋、纸牌、国际象棋板或跳棋板。如果是我,我会选小轮越野车,因为它给了我自由,它能让我离开家,并且让我觉得自己像个探险家。当我玩小轮越野车的时候,我可以与其他人竞争,我可以向比我高大的人展示我的技巧。

或许你想到了好几件事，但是你只要选取其中一件就行。放轻松，慢慢来。

分析一下这个具有象征性的物品，问问你自己为什么选择它。它是什么？它让你想到了什么？它代表了什么？你能回想起它与生活联系得更紧密的时刻吗？你是从什么时候开始在生活中总是想到它的？你是从什么时候开始看到它的？如果可以飞回到这个物品代表的过去，那么你会看到什么？当时的场景和今天有什么关联？

哐当，你已经做到了。就是这么简单，因为你生活在一个物质世界，具有象征性的物品可以帮助你捕获瞬间。物体和符号出现在文字之前，它们能帮你从过去找到有意义的经历和自我表达方式。

把这个具有象征性的物品写在你的日记里。人们有时会把具有象征性的物品画出来或描述出来，然后保留问题和答案。

你通常会和一些重要的事情渐渐疏远。但如果你能够慢下来，看一看它们是如何与那些有助于提升你的自我认同感的事件联系在一起的,那么你也许就会发现,有些事对创建你的巅峰故事很重要。

  现在,你已经打开思路,你做得很好。谢谢你的参与。

第 4 章

巔峰故事模型

经验本身并不是科学。

——埃德蒙德·胡塞尔

当我们成为焦点，被要求讲一讲自己的故事时，我们常常会变得犹豫。当我们的大脑在生活经验的花园里寻找目标时，我们往往不知所措。我们的压力太大了，我们太了解自己的生活了。当我们想抓取一件和当前听众相关的事件时，太多时刻一起涌现出来。但问题是，你还没有找出与此时最相关的时刻，你开始感到难堪，然后大脑开始崩溃……于是你试图在这样压抑的感觉里度过一生。

巅峰故事模型可以帮你避免这些崩溃时刻。它可以帮你弄明白自己是怎样的人，以及你今后将成为怎样的人。它可以帮你做好充分准备，以便你有意义、有目的地讲出自己的故事。

🎤 讲什么故事

你要意识到一点，那就是生活经历是可以分类别和等级的，不同的经历在生活中有着不同的分量。如果你能够识别、探索它们，并与之建立连接，那么你就会让它们在你的故事中显得更有力量。巅峰故事是你在现实世界中讲述的真实内容，它如同一幅能够描述你是谁的神奇图画，讲故事的人和听故事的人都觉得它很生动。

但是，故事太多了，我们该怎么搞清楚其中的等级呢？其实早在20世纪40年代就已经有一个著名的等级模型存在了。

🎤 马斯洛需求层次理论

如果你学过心理学，那么你一定听说过亚伯拉罕·马斯洛这个名字。马斯洛在研究人类动机时提出了一个理论，它就是马斯洛需求层次理论。

马斯洛认为，人类的行为是由需求驱动的。他将人类需求分为5个层次并进行了排序。

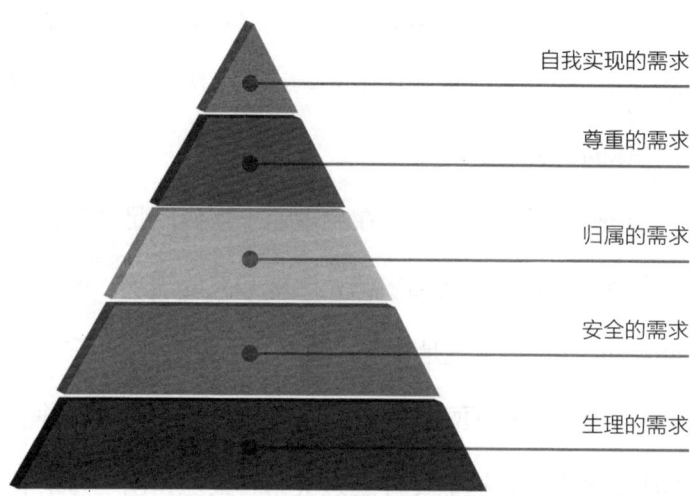

就像很多真人生存秀那样，想象你掉进了某个未知领地，你的第一反应一定不是认识新朋友，你会先去寻找食物和水。食物和水就是马斯洛需求层次理论里呈现的金字塔最下面的基本生理需求。再往上的第二个层次的需求就是安全的需求，比如有容身之所，能保证人身安全。也就是说，你需要保护自己不受外界伤害。

再往上的第三个层次的需求就是归属的需求。你还记不记得那些你时常觉得自己无法融入其中的场景：第一天上学、刚刚进入大学校园、刚刚迈入职场、刚刚换了新工作，或者任何类似的、让你感觉很孤单、很糟糕的场景。你之所以感觉孤单和糟糕，是因为你还不是这个团体的一员。

根据马斯洛的观点，在生理需求得到满足之前，你是不会担心其他社会需求的，比如归属的需求。再往上的第四层次的需求就是尊重的需求，这属于内化的需求。在这个金字塔的顶端，也就是第五层次的需求与精神上的满足感有关，这需要你通过美德、灵性和创造力来展现自己的全部潜力。

🎤 故事的层次

不同的人对马斯洛的理论有不同的解读，但他们基本都认同这 3 个层次：生理和安全的需求、社会的需求、自我实现的需求。

巅峰故事模型的层次就是基于这一理论模型，它也分3个层次。它的3个层次正是基于我们前面已经提到的3个时刻：英雄的蓝点时刻、协作的蓝点时刻、超我的蓝点时刻。

作为自己生活的调研者，你将学会如何从生活中为特定时刻挑选不同层次且能相互连接的经历。在这章的练习中，你将练习如何挑选重要时刻，也就是前面说的蓝点时刻。

🎤 巅峰故事示意图

请看下面这张巅峰故事示意图。这张示意图不仅展示了我们刚刚提到的3个层次，也展示了不同的生活领域或角色。这些生活领域或角色如下：

工作和教育角色，比如学生、老板、团队领导。

家庭和朋友角色，比如父母、照料者、伴侣。

娱乐和爱好角色，比如运动员、收藏家、艺术家。

精神和本性角色，比如冥想者、思想者、信徒。

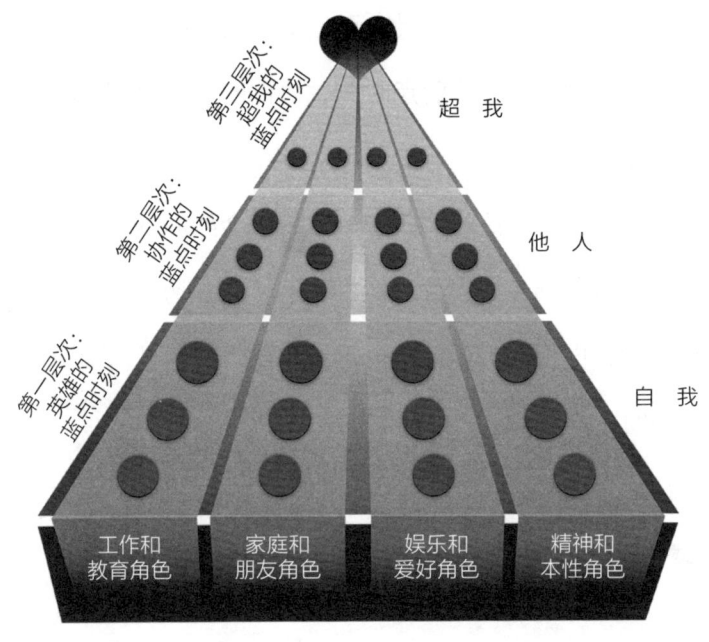

= 你生命中的重要生活经历

　　蓝点时刻是你在讲故事时需要参考的重要生活时刻。这个示意图能帮你识别蓝点时刻并对其进行分类。

　　这章的练习将带领你寻找这些时刻。现在，请跟着我的节奏。先让我跟你解释一下如何用它们整合巅峰故事。

在你找到蓝点时刻后，你需要将它们分类放在适当的层次和适当的纵轴上。你的生活就是由这些事情组成的，因此你能找到不同类型的蓝点时刻是自然而然的事情。不要担心有多少，只要识别重要经历即可。无论这个蓝点时刻的落点是什么，包括工作、家庭、娱乐、精神生活等，你都可以将它们作为参考，并通过某种方式将它们组合起来，并在正确的时间与他人分享一个相关的引人注目的故事。

整合工作是整个过程的关键。如果你是一名需要为欢迎新员工加入公司而致辞的高管，那么此时作为父亲一样的角色，你的为人会对新员工产生很大影响。如果你是一个来自城市的学生，那么你在野营旅行中的亮眼表现可能会为你加分，因为这可能与你如何看待合作有关。

🎤 为故事分类

在我职业生涯的早期,我既是一名学术研究人员,也是一名商业与生涯顾问。我的这些生活轨迹是有所重叠的。我的客户既有在校学生,也有商业客户,既有青少年,也有年长者。我经常发现他们的生活经历与他们所担任的角色之间有所联系。同样,我在青少年时期教别人小轮越野车的经历与我成年后成为一名教授的经历也是有联系的。在研究中,我考察了怎样理解生活经历的来龙去脉,以及怎样为之提供背景,然后我开始想如何将它们分为英雄、协作和美德3种类型的故事。

🎤 英雄故事

在实际工作中,我会帮助人们讲述他们克服困难的故事,这些故事的主角都是英雄。在我看来,这些英雄故事都是我们想听到、想讲述的故事,因为每个人都在某个时刻经历过克服困难的故事。这些故事代表着人类克服困难和求生的能力，代表着力量、勇气和毅力，它们可以为一个人赢得信任。

英雄故事证明了一点，那就是作为人类个体，如果我们要在这个星球上生存下去，那么我们先要保护自己。你是一个克服障碍的英雄，而不是那种试图拯救另一个人的英雄。神话研究专家约瑟夫·坎贝尔指出，伟大的文学作品通常讲的都是英雄的人生旅程，但英雄不必只是故事中或电影中拯救别人的角色。英雄故事也可以是这样的：

- 克服让人痛苦的物理性伤害
- 培养一种专业技术
- 英语为母语的人为了出国而学会日语
- 走出离婚的阴影
- 在没人敢说真话的情况下说出真相
- 适应新环境
- 完成一些体能技巧
- 勇敢面对霸凌
- 勇敢放手而不是无谓地纠缠

当一个人感到基本的生存要素受到威胁时,为了生存,他就会变得英勇。因此,英雄故事对应的是巅峰故事中最低层次的故事,它等同于马斯洛需求层次理论中最低层次的需求。

🎤 协作故事

如果你从来没有做过英勇的事,那么别人也不太可能与你进行合作。如果你没有勇气、毅力和胆略,那么其他人是不太想和你一起做事的。但是,还是有人跳过英雄故事,直接讲述合作故事,这就像是在马斯洛需求层次理论中越过第一层次和第二层次的需求,直接跳到第三层次的需求。

如果你直接开始讲协作故事,整个故事就没有了根基。"哦,是的,我懂得金融。我和同事一起工作得很顺利。"这只是文字表述,没有可信的证据。因此我们得从英雄故事开始。

如果你首先描述的是你在大学里是如何学习金融的,

或者你是如何每天晚上在父母的商店打烊后帮助他们算账的，那么我对你的看法就不同了，"这家伙有勇气和毅力，他可以在不同的环境下工作。有证据支持他的合作能力，他是可以带来价值的"。我在研究中发现，协作故事属于更高层次的需求，它反映的是马斯洛需求层次理论中归属的需求。然而，协作还不能简单地等同于归属的需求。你可能会想："哦，我属于一个公司，我们创造了这项伟大的产品或服务。"这时的你有一种归属感，但这还不是协作。协作与沟通能力、组织能力和开放思维能力有关，这些能力使你能向别人展示想法，让你的听众听进去，并且让他们愿意跟随你。

如果你不知道事情如何运作，缺乏组织性，或者你踩着周围的人上位并试图控制他们，那么这不是协作，这只是咄咄逼人而已。

协作故事的核心要素是他人的积极参与和共同创造。协作故事可以与学校项目、商业计划、营销计划有关，也可以与某个非营利组织的战略发展规划有关，它甚至可以与为你年迈的父母寻找更好的养老方式有关。

协作的经历让我们意识到，那些我们想要合作的人，甚至那些我们不想合作的人也可能教会我们一些关于如何合作的东西。与他人进行合作的经验可以告诉我们，我们在未来想要与什么样的人合作，以及想要接手什么样的项目。协作的经历还可以帮我们确定哪些技能需要改进。

🎤 超我故事

协作故事能帮我们到达巅峰故事的最高层，也就是超我故事。当英雄的蓝点时刻跟协作的蓝点时刻或未来的蓝点时刻相关联时，我们往往会重新审视一个可能的美好时刻，并思索："在某种程度上我喜欢这些工作，我喜欢正在做的事情，我喜欢正在经历的冲突，这就像一个巅峰时刻。如果可以一遍又一遍地重复这些经历，我或许会更喜欢自己。"在很多时候，这种感觉就像早晨的咖啡香味，它是短暂的。在这里，我们可以瞥见最好的自己，虽然我们还不能马上到达这个地方，但这里是我们想去的地方。

从另一个角度来看，它还可以帮我们弄清楚并远离我们不想做的事情。

巅峰故事示意图中的蓝点时刻能展示出你的如下特质：你克服困难，并最终成了自己故事中的英雄；克服困难给你带来了丰硕成果，甚至给你带来了具有挑战性的合作机会，以及协作关系中一定程度上的归属感。这一切为你未来的巅峰时刻，即超我的蓝点时刻做好了准备。

就像马斯洛需求层次的金字塔，巅峰故事也是有层次的，它包括自我、他人与超我 3 个层次。

🎤 向巅峰前进

巅峰故事能帮我们识别重要时刻，这些时刻推动我们顺着这个示意图向上爬，一步步帮我们构建自我实现的时刻，以及应该发生的最道德、最真实的自我时刻。巅峰故事可以让我们的交流更加个性化，因为我们是在讲述自己生活中真实的故事。在工作中，我们也会感觉自己更像自己了。对听众来说，我们整理巅峰故事的过程提供了证明故事本身的证据，即我们是有价值的，我们走过的路证明我们在某方面是专业的。

巅峰故事解释了你是如何有意识地、自由地、自导自演地选择了某个特定的时刻来到这个世界上，并从事着现在这个特定领域的工作或研究，或者将要从事你想象中的某个特定领域的特定事情。

巅峰故事是一个按时间顺序发展的叙事文本。英雄的蓝点时刻是过去的时刻，它通常发生在13岁之前；协作的蓝点时刻取决于你的年龄，它发生在过去或者发生在现在；超我的蓝点时刻是不久的将来，即它发生在某种想象的结果中，也就是说，超我的蓝点时刻是你的人生或工作的新篇章或下一季。

🎤 4个纵向分类

让我们再次看看巅峰故事示意图，我将其纵向划分为4个部分，它们将无数的经历划分为4种基本角色：

工作和教育、家庭和朋友、娱乐和爱好、精神和本性。这4个纵向分类是为了帮我们更好地理解各种各样的经历，让我们有更多的时间做自己喜欢的事，并迈向超我的蓝点时刻。

如果生活不是你喜欢的样子，那么这岂不是浪费生命？

迈向超我的蓝点时刻并不意味着你要辞职，但你可能会发现自己所处的特定空间有一个小转变，你的感觉、工作和生活方式会产生一个变革性的转变。这种变化会影响你讲述故事的方式。

这4个纵向分类提醒我们，巅峰故事是关于个人、职业以及演讲能力故事。这种方法在不同的领域有很多应用，比如它可以帮我们培养销售能力、领导力，实现职业转型等。巅峰故事允许你随时更换纵向类别，这样你就不会被任何特别的时刻拖累。

现在回想一下你在生活中克服过的某个障碍。也许你像我一样，不得不在某个科学博览会上讲述自己的项目。我成长在一个信奉天主教的家庭。我受到的评判和惩罚通常比我童年犯下的错误所应当承担的要重很多，或者它们给我的感觉是这样，因此我害怕走错任何一步。在那个科学博览会上，一向小心谨慎的我却自信且热情洋溢地介绍起了我的物理科学项目，这对当时的我来说就是一种英勇的行为。现在的我明白，那个科学项目本身并不是我的英雄故事，破解与成年人交流的密码才是我的英雄故事。从此以后，我在公共场合讲话时不再结巴，也不再害怕自己会被评判。

那年夏天，我还代表州政府参加了美国能源部在布鲁克海文国家实验室的一个项目，并获得了第一名。第二年我又赢了……我在弗吉尼亚州西部的美国国家青年科学营项目的基地度过了很多个夏天。科学指引着我前进的道路，但它并不是我后来的职业道路。它之所以很重要是因为我学会了如何与观众进行交流。无论如何，我的英雄故事促成了后来的许多协作故事。

🎤 一个自我创作的范例

在我的研究工作和顾问工作中，我发现巅峰故事示意图还是比较容易理解的，它解释了如何在特定的故事情节中分享英雄的蓝点时刻，如何过渡到协作的蓝点时刻，并最终到达巅峰时刻。虽然与蓝点时刻有关的语句有时候会发生变化，但将英雄层面、协作层面和超我层面的时刻结合起来的做法，总是可以创造一个又一个的巅峰故事。

这么说吧，当有人告诉你他们最近在忙什么，或当他们回答"说说你吧"这个问题的时候，他们本人最好与他们所做的一切保持一致。否则，他们就是在浪费你的时间，因为他们无法证明现在的自己与自己所选择的工作是一致的。

如果你做的事正是你想要做的事，并且它和你将来准备做的一些非凡的事一致，那么你就可以带着一定程度的确定性讲这些事。有自我反思的意识说明你有很高的情商。你做出的决定是基于你对生活经历的反思，因此我会不自觉地把你当成一个能够进行自我导航的人。这就是自我创作的本质，不管英雄的蓝点时刻发生了什么，也许根本就没有正确的答案。发生的事情也许不是那么积极，但积极的结果是，你看到了自己的能力。你有自我引导的能力、沟通的能力、创新的能力、分析一个场景的能力等。

在生活中，当我不得不介绍自己时，我会先讲自己跟现在的所作所为一致的英雄故事和协作故事。看到人们被我的故事吸引，我自己也开始感觉良好，我感觉现在的自己与过去的自己有了更多的联系，现在的自己也与未来的自己有了更多的联系。

这时我就知道巅峰故事模型真的有用。这个概念既源自学术研究，也源于我多方面的工作实践，包括故事讲述、领导力培训和公共演讲辅导。当理论和实践相遇，它们证明了彼此。我一开始的时候有点怀疑这个理论模型是否有意义，但当我把它应用到实践中时，它奏效了。

你也可以用这个模型来规划你的生活，分3个阶段来讲述自己的故事，每个阶段都有蓝点时刻。每一个蓝点时刻都是由相似的要素组成的：动机、能力、人物和地点。接下来这一章让我们仔细看看这些蓝点时刻以及它们的意义。

收集蓝点时刻

到了构建巅峰故事的时候了。自我事件的连接,蓝点时刻,随便你怎么称呼它们都行。

请你再次回顾一下巅峰故事示意图。

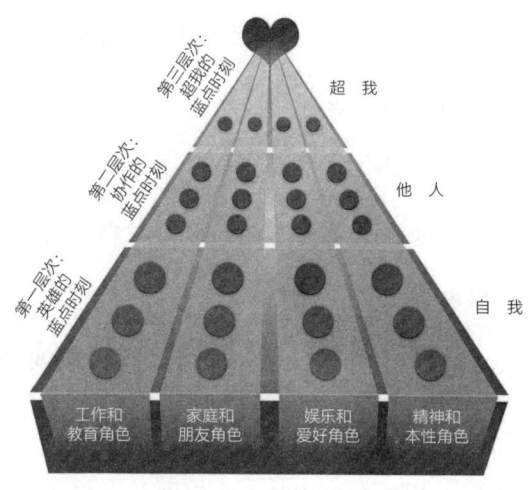

它有 3 个层次:英雄的蓝点时刻、协作的蓝点时刻、超我的蓝点时刻。4 个纵向分类:工作和教育角色,家庭

和朋友角色，娱乐和爱好角色，精神和本性角色。

请你记住故事的 3 个类型。英雄故事讲述的是你克服困难、站稳脚跟的时刻，它是巅峰故事的基石。协作故事讲述的是你与他人合作进行创造的时刻，你们为了一个结果、一个计划或一个解决方案而合作。

超我故事讲述的是你看着自己在做的事，忍不住感叹道："天哪，我喜欢这个！"它既可以是过去很久的事情、不久前的事情，也可以是未来可能发生的事情。它或许是某个迷你时刻，它可能不完全符合你想象的成熟版本。

现在你对这些类型都熟悉了，是时候想出你自己的一些英雄故事、协作故事和超我故事了。最后，我希望你能从每一种类型的故事中找出 3 个时刻，这 3 个时刻可以来自图中的任何一个纵向类别。

如果你想列出 4 个或者 5 个时刻，也行。如果你愿意，你甚至可以列出 7 个时刻。但是 3 个是最好的选择。

如果你想放飞自己的想象，那么你也可以列出一个尽可能长的清单，回头再缩减这个清单。需要的就留下，然后再回头看，再缩减更多。故事不必都是积极正面的，你不必总是寻找最积极正面的时刻，因为你能从任何故事中发现积极的一面。当清单上的时刻缩减到 3 个的时候，检查一下这些故事，它们是否真的有用？它们是否偏离了实际的故事类型？这真的是英雄故事吗？这真的是协作故事吗？这真的是超我故事吗？

最后，你会发现每个类型中最重要的 3 个故事。

我总是提醒人们检查故事类型，以确保正确。这其实是我的习惯，我习惯多检查一遍。然后你就会发现英雄故事点燃了协作故事的火焰，并逐渐发展成超我故事。你已经开始为自己的路铺砖了，你开始看到来自工作或者家庭的联系。

你已经挖开自己蓝点时刻的矿藏，请打开新的一页笔记把它们都记录下来。当我们构建巅峰故事的时候，我需要你一一试用它们。你会爱上做这件事的。

第 5 章

故事徽章

我必须获得内在的一致性。

——埃德蒙德·胡塞尔

你很开心自己已经找到了蓝点时刻，它们是构成巅峰故事的重要经历。然而，此时你或许还不是特别理解蓝点时刻的意义以及它们彼此之间的联系。

说真的，到了做点事情的时候了。因此，接下来我们将逐个分解蓝点时刻。这些时刻并不是孤立的，它们是由许多不同的要素组成的。我们可以对它们进行更深入的探究，而且我们最好使用系统的、有条理的方法进行探究。

请看下面的故事徽章示意图。这是我分析蓝点时刻的工具，它也是理解蓝点时刻的最好方法。

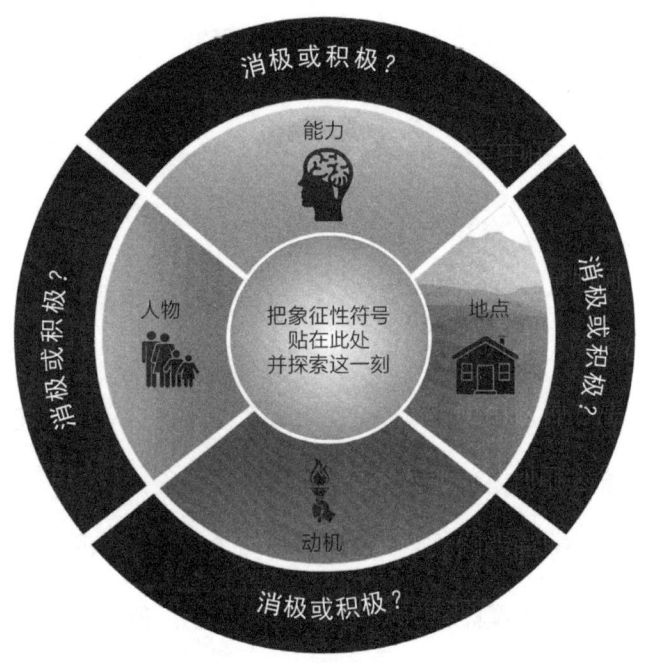

如你所见，这个徽章共有 4 个部分。也许在你的想象中，你有太多不同的故事、太多特别的事件、太多个性化的事情要讲，但它们都可以分解成如下 4 个要素：

能力：大脑在特定的生活经历中发挥的优势或才能。

动机：简单来说，就是某人为什么会做某件事。动机可以有多种。

人物：故事中包括的除你之外的其他人。

地点：生活经历发生的场所。

关于动机、人物和地点，其指代不言自明，但关于能力，我们在这里需要着重解释一下。

🎤 能力

我们的大脑就像一个中央处理器，它在不同的事件中发挥着不同的优势、才能、专长或能力，随便你叫这些不同的优势、才能、专长或能力什么，但我习惯称其为脑力肌肉。它们都以类似身体肌肉的方式来运作，并且不同的脑力肌肉对应着不同的任务。

虽然大脑具有多种多样的能力，但为了简单起见，我把脑力肌肉分为 8 种。正如我在香港理工大学做研究的朋友罗伊·霍兰指出的那样，能力可以分为各种对立的组合（但在现实中，一对组合中的两种能力更像是某个连续体的两端）：

领导力与认同感：领导力是影响他人的能力和自我导航的能力。与之相应的是认同感，它包括同理心、开放性和情境意识。

适应力与辨别力：适应力就是懂得放手，保持适当的灵活性，保持平衡，适时调整以适应变化。与之相对应的就是辨别力，即分析、看到细节、做出区分的能力，这可能会阻碍灵活性。

沟通力与组织力：沟通是指交换观点，以及将信息打包传递给目标受众。沟通力指的是向外的人际能力，而组织力指的是向内的人际能力。组织力是指让事物一起运转的能力，比如组织一个工作计划、一桩买卖、一个团队、一个项目或者一个经济体。

探究力与创造力：探究即研究，它是指走出舒适区，在不做计划的情况下徘徊或思考。相对应的是创造力，创造力是指创造出一些东西，比如为一个活动制定一个流程。创造力是把新的东西变成现实。

这些脑力肌肉无时无刻不与正在发生的事情相关联，我们可以将蓝点时刻与这8种脑力肌肉中的一种或几种相匹配。故事徽章可以帮我们匹配这些能力与其他要素。

应用故事徽章

"哦,那段日子真难熬,我总算是挺过来了。"你听别人说过类似的话吗?

这是一种悲观的表达,因为它没有传达任何关于说话者的信息,更别提输出任何积极价值了。你"挺过来"是什么意思?当时发生了什么事?你有没有放手去做,并因此而变得更有适应力?还是你开始学会用影响力来进行沟通了,也就是说你变得更有沟通力和领导力了?

当你开始用特定的语言模式,也就是故事徽章来思考某种经历,你就可以更专业地分析重要经历及其对生活的贡献。

动机也有类似的功能。动机可能是金钱,可能是地位,可能是你对关注的需求,可能是有人对你有所要求,也可能是因为你需要对某件事负责,你的责任感或内在价值观告诉你这是正确的事。所有这些动机彼此之间都略有不同。

人物和地点可以增加故事的背景和色彩。还有谁参与其中？是家人、朋友还是同事？是一大群人还是只有一两个人？故事发生在哪里？是在室内还是在室外？是在一个封闭的地方，比如一个房间，还是在一个更开阔的地方，比如校园、海边、山上或者沙漠？

故事徽章就是这样帮我们精准分析故事的。我们将这一技能应用得越熟练，我们能挖掘的蓝点时刻的价值就越大，我们的巅峰故事就能因此被构建得更好。

🎤 让人忧郁的开学日

下面我要说的是我小时候的故事，它其实是我上学第一天的故事。开学伊始我其实很兴奋，但后来，我发现自己被安排到一个非英语母语者的班级里，我猜这是因为我有一个葡萄牙姓氏，然而我的葡萄牙语其实很糟糕。我的姓氏让人们以为我不会说英语，然而我其实讲得很好。当老师否定葡萄牙裔美国人时，我都听懂了，但老师却以为我不知道她在说什么。

这件事的性质是消极的。因为它剥夺了我上学第一天原本的快乐，它甚至给我带来了困惑和伤害。直到今天，那段经历对我来说依然是一段消极的经历。

我在这件事里的动机如下：我不想显得心烦意乱，我不想让这件事妨碍我第一次的学习经验。毕竟，她要做我一年的老师。如果说这件事让我的生活有什么不同的话，那就是它让我变得更加渴望学习。

我在这件事里展现的能力如下：虽然我没有因此发展领导力，但我发展了分析的能力，我理解了为什么事情会这样；为了找到归属感，我也学会了如何进行探索，并开始专注于学习。

这件事里的人物包括老师、我的父母和许多家里的长辈。我周围的人都是葡萄牙裔美国人，这可能就是为什么我对老师批评葡萄牙裔美国人如此沮丧。至于地点，我的答案是学校，我甚至记得是哪个班级。

🎤 事件的性质是积极的还是消极的

让我们再看看故事徽章示意图。4 个模块外围都标有

"消极或积极？"的字样，因为这4个要素的性质既可能是消极的，也可能是积极的。分析事件的性质可以让你弄清楚一些基本问题，比如什么事件会带来能量，什么事件会消耗能量。

至于我在学校抵制老师的偏见这段经历，我们可以说它有一半是消极的，因为这有点伤人。但话说回来，它也有一半是积极的，因为那让我比以往任何时候都更加渴望学习，我甚至开始帮助比我差很多的葡萄牙裔孩子学习英语。总之，尽管这段经历实际发生的时候看上去是消极的，但它最终导致的结果却是积极的。

用故事徽章分析故事的时候，你也许会发现，其中的一个人是消极的，但这一段经历却是积极的。假设你有开放的心态和认同感，当你发现有人被欺负时，你鼓起勇气对霸凌者说出真相："欺负人是不对的，那不是对待另一个人的恰当方式。"这件事就是你的勇士关怀者角色的诞生之处，你也可以称自己为英雄关怀者，或者人类真善美的捍卫者。也许这件事就像一个线索，它让你开始看到自己故事的主题起源。这难道不比"哦，那段日子真难熬,我总算是挺过来了"更好吗?

但这只是一次经历,朋友们,不要太激动。即使这是你的经历,你也还不知道这个故事的走向。要知道,这段"你之所以成为你"的经历里还有潜台词,而你还没有对此做完整的调查。

就像国家地理频道一样,我们要去"荒野",进行一场内心世界的探索冒险。

你要做一个客观的观察者,调动自己的感觉,以及你有关自己的知识。故事徽章此时也将为你提供很多探索方面的技术。你会因此成为一个更好的故事创作者,最终,你会成为一个更好的故事讲述者。

顺便说一下,并非所有的时刻都是巅峰故事需要的蓝点时刻,故事徽章可以帮助我们确认自己是否真正找到了蓝点时刻。比方说你小时候喜欢冲浪或者钓鱼。这是一个很好的点,但这只说出了某种经历的大致区域,它不是蓝点时刻。蓝点时刻是重要的经历,是特定的时刻。

我们要确保落点是个蓝点时刻,而不是经历中的某个大致区域。我们需要知道某个活动中的特别时刻,以及事情为什么会那样。

🎤 现象学中的现象

我的研究生导师阿马德奥·乔治博士提出了一种重要的现象学方法，该方法讲的是通过主观生活经历来研究大脑。使用这种方法的次数越多，我就越是意识到，每个人都可以利用这个工具收集数据来了解自己的生活。它能让我们严谨地思考自己，而且我们不需要攻读博士学位就能理解这种方法。

现象学可以帮助我们对某种生活经历的要素提出要求。任何人都可以像训练有素的现象学家或社会科学家一样，对自己的经历进行研究。即使你不是一个在学术期刊上发表研究文章的教授，你也可以从现象学中获益。

生活这个背包中装满了你的经历，现在请你把它放在地上，拉开拉链，取出包里的好物件吧！你开始翻找，挑选脑力肌肉，挑选动机，挑选与地点或人物相关的能量……你可以说："好吧，我这里有一些好东西……以下是我这么做的原因……我是这样做的……这是故事里提到的人物……这就是为什么这个地方很重要……"

🎤 重温过去的时光

任何活动都发生在一定的物理空间内。人们往往会根据不同的地点做不同的决定。有时候，人们怀疑自己其实不想待在办公楼里，而是想去别的地方。在我看来，如果他们做过反思练习，那么他们可能就会回忆自己的童年，那时他们的愿望是到大自然中去享受户外玩耍的快乐。倘若他们当时没有这样的机会，那么他们可能想要把这样的机会留给他们的孩子。

我们大多数人都一样，我们都喜欢回顾自己生活的点点滴滴。人们为什么会买旧车，比如有人就喜欢买福特雷鸟 1969 年款或阿尔法·罗密欧 1974 年款，难道他们只是为了重温和爸爸一起坐在这种车里的经历？

人们为什么会聚集在一起讲自己的经历？部分原因是，当时那些经历是他们生命中的重要时刻；当时他们或许正和朋友一起，当时他们或许正在开车和聊天，当时他们或许正在相互分享一些观点，当时他们或许正在讨论世界上发生的新闻。另外的原因是，讲述故事可以帮助他们找到归属感，而且听众也会在自己的生活中发现类似的氛围、能量或要素。

我们有时喜欢收集旧汽车、旧手表和旧衣服，这是有原因的，这是一种无意识的怀旧。我们可以分析这些行为，让无意识变得有意识，这样我们就可以花时间思考它们，并讲出与之有关的故事。

🎤 不被打扰的空间

用故事徽章分析故事的时候，找到一个不被打扰的空间是非常重要的。人们告诉我，他们会选择听纯音乐，或者带上巅峰故事日记本去散步，这样他们就可以做笔记了。尽管我们有数字工具和在线课程，但人们发现，离线时间能带给他们强大的能量。

还记得马歇尔·琼斯和他那首关于联系过度但关系不

深入的诗吗？我们需要给自己断电，有时我们只需要在办公室找个角落或换把椅子，但总之我们需要腾出空间。

我知道这很专业，但它也很有趣。就像看侦探剧一样，我们会好奇侦探有什么发现。不管是看别人做还是自己做，不可否认，我们大部分人都喜欢探索。这就是你需要做的，你要利用大部分人所具备的能力，即探索的能力。

故事徽章是一个解码生活经历的框架。这种方法论以学术研究为基础，它可以有组织地帮我们分析并创建故事。它可以帮到《财富》世界500强企业的领导，它可以帮到学者，它当然也可以帮到你。敞开心扉跟着一起练习吧。

🎤 一个著名的巅峰故事

创建巅峰故事模型之后，我才意识自己应该去看看那些最好的演讲是如何验证它的。其中一个最好的例子就是史蒂夫·乔布斯于2005年6月12日在斯坦福大学毕业典礼上的演讲，他当时是苹果公司和皮克斯动画公司的首席执行官。

乔布斯亲口说过这句话："（我要说的）第一个故事讲的是点与点之间的关系。"我们经常使用"串联时刻"这个短语，但很多人并不理解它的含义。对一些人来说，串联生活时刻意味着随机性。但我们正在经历去随机化，跟随这本书做练习就是为了去随机化。

在那次演讲中，乔布斯讲的第一个故事是他在里德学院待了6个月就辍学的故事。在那之后，他又待了一年半左右，因为他只想去上他觉得有趣的课，而不是去上那些对他来说毫无意义的课。这很英勇，因为乔布斯很小就被送养了，当时他的生母在签署收养文件之前，让收养他的那对夫妻承诺一定送他上大学。他的养父母都没有上过大学。

17年后，他不仅上了大学，还很天真地选择了一所几乎和斯坦福大学一样贵的里德学院。他的养父母都是工薪阶层，这意味着供乔布斯上大学几乎要花去他们的全部积蓄，但他的养父母还是决定履行当年的承诺。想象一下乔布斯所承受的压力,他那时待在学校里,完全是为了不浪费父母的血汗钱。但他看不到大学的价值,因此他不知道自己要做什么。他最终决定留下,但改变了自己上大学的方式。他敞开心扉,开始探索,开始发现。

那时的他很害怕,他没有钱,没有宿舍,只能睡在朋友家的地板上,积攒下退可乐瓶的5分钱买食物;每个星期天,他都要穿过城镇走11公里的路,只为到黑尔·科里施纳礼拜堂去吃一顿免费的饭。

后来,他无意中旁听了一门书法课,并且很感兴趣。他学习了各种字体,并学会了在字母组合之间改变间距。这似乎在他的生活中没有任何用处,但10年后,当他设计第一台苹果个人电脑时,书法课与之建立了联系。他改变了电脑字体的外观,从而有了现在有漂亮版式的个人电脑。

协作的蓝点时刻发生在乔布斯和斯蒂芬·沃兹在车库创办苹果公司的时候。10年后,这家公司成了一家价值20亿元资产的公司。然后,还出现了一个看似消极的协作的蓝点时刻:乔布斯被苹果公司解雇了。但是,这其实是发生在他身上的最好的事情。用他的话来说就是，成功带来的沉重被重新开始带来的轻松所取代了。

乔布斯的超我的蓝点时刻是他创办了另一家公司——皮克斯。这家公司制作了世界上第一部电脑动画电影，《玩具总动员》就是这家公司制作的。乔布斯的故事是当今世界上最成功的故事。后来，乔布斯又回到了苹果公司，他开发的技术仍然是公司复兴的核心。

乔布斯的演讲还串联了很多其他的生活时刻，但以上这些是最重要的。他接着谈到了癌症。在发现癌症之前，他就知道，如果他把每一天都当作最后一天来生活，那么总有一天，它会成为最后一天。因此33年来，他每天都会对着镜子问自己："假如今天是生命的最后一天，我还会去做今天要做的事吗？"如果连续很多天的答案都是"不"，那么他就知道自己需要改变了。

🎤 有目的的生活

当我无意中看到乔布斯这篇演讲时，我忍不住流下了眼泪，因为这篇演讲是对巅峰故事模型最完美的验证。对我来说，这是一个蓝点时刻！很明显，乔布斯成功地将蓝点时刻串联起来，勾勒出了他人生故事的弧线。他展示了自己的真实身份，他不仅是一个无情的商人，还是一个先驱者加探索者。他是一个一次次进入未知领域的创造者加探索者，他带着你进入了某些领域，你能在这些领域中看到机遇。

其实，当乔布斯发表这个演讲时，他已经比医生预测的时间多活了6个月。他对自己的存在有不同的看法，因为死亡就在他的家门口。尽管乔布斯的生活一度看起来完全没有头绪，但这篇演讲却与如何过一种有目的、有意义的生活有关。

让我们在自己的生活中发现和利用这些工具，像执行使命一样好好生活吧！

🎤 变化中的目标

在方法这一点上，你可能开始看到曙光了。请用这些工具去寻找那些蓝点时刻,掸去它们的灰尘吧!作为一名考古学家,有时候你可能需要挖得更深入一些。但你也别担心,你要考古的事件也可能就在地表之下。尽管有人告诉我这个过程有疗愈功能,但这不是心理治疗。当你讲述自己的故事时,你会觉得自己变得更完整了。这就像从眼镜片上擦掉凡士林的那个瞬间,你发现前方视野突然清晰了。

记住,巅峰时刻总是在变化的。这一过程具有连续性。因此,没有什么是最终的巅峰时刻。

这就像锻炼,你的第一个目标可能是跑3公里,当你完成时,你会将目标提高到5公里、10公里等。瞧,你在不断到达自己的新巅峰。因此请把这看作一个连续的过程:你会继续活下去,你会收集更多的生活时刻。其中有些是蓝点时刻,有些则不是。

在你使用这些方法的过程中,蓝点时刻可能会发生变化。你会记住过去不同的蓝点时刻,有时候你可能会添加一些,有时候你需要删除一些,但总体考古目标不会移动太多,因为变化是基于你现在生活的变化。

我们会遇到更多的蓝点时刻吗？答案是肯定的。因为不管我们年龄多大，重要的事情仍然会发生。当重要时刻再出现时，你已经有了翻译它们的方法。你审视自己生活的意识开始增强。如果发生了有可能成为蓝点时刻的事情，那么请你把它添加到你的巅峰故事示意图中。

故事徽章

我们已经明白了什么是故事徽章,现在让我们来练习使用它。

请你重新审视你在第 4 章的练习中找到的 9 个蓝点时刻,它们包括 3 个英雄的蓝点时刻,3 个协作的蓝点时刻,3 个超我的蓝点时刻。请在每个类型的蓝点时刻中挑选一个。

现在请你用故事徽章对它们进行解析,以发掘每个故事中蕴藏的丰富信息。

请你按照从细节到整体的顺序开始解析。深入了解细节,确保整体故事慢慢汇集在一起。

在解析的过程中,你可能会发现某个蓝点时刻并没有那么令人满意。没事,回头换一个同类型的蓝点时刻,然后重新解析。

记住，你暂时不需要把所有的 9 个蓝点时刻都解析出来。

你需要解析的第一个蓝点时刻将是一个英雄的蓝点时刻。请你先思考，这次经历对你意味着什么？你为什么觉得它很重要？它的意义是什么？把这些思考写在日记里。就像警察在电视上说的那样，如果你能回忆起任何细节，那么无论多小，你都要将其记录下来。

然后再用故事徽章解析一遍这个蓝点时刻。在日记里，分解出这次经历的能力、动机、人物和地点。

比较这两种解析。然后问自己，我在使用故事徽章的过程中学到了什么？

请你继续用故事徽章再分析一个协作的蓝点时刻和一个超我的蓝点时刻，把细节记录在你的日记中。这些细节将为你的巅峰故事提供质感和活力。

第 6 章

主题和主线

如果了解自己和做自己像人们说的那么容易，那么这个世界上就不会有那么多人模仿别人的走路姿势，就不会有那么多人人云亦云，就不会有那么多人想拼命地融入人群，却不想自己该怎样做才能脱颖而出。

——节选自沃伦·本尼斯的《成为领导者》

在第 5 章中，我们通过故事徽章展开了蓝点时刻，并找出了其中的细节，包括能力、动机、人物和地点。我们深入所有这些细节是为了确切地理解其中的意义。也就是说放大是为了看清细节，但深入细节也是为了最终可以掌握整体。

主题和主线能帮我们串联这些蓝点时刻。主题和主线并不总是显而易见，但如果我们能梳理出主题和主线，那么它们往往可以帮助我们塑造故事，从而让我们认清部分自己。

这就像选一部电影或一本书。例如，视频网站会将电影分类展示，书店或图书馆的书也是按类型排列的。我们会对生活中的每件事分类，因为这就是我们人类的思维方式：看到模式，看到相似点，然后进行归类。

随着时间的推移，你也会以同样的方式对自己的生活经历进行分类。你有什么故事？是悲剧？还是喜剧？你是不是像电影《当幸福来敲门》中的克里斯·加德纳（扮演者威尔·史密斯）一样，是个保护家庭的人？在职业生涯的早期，加德纳一边照顾年幼的儿子，一边与无家可归的生活做斗争，他最终在股票经纪行业找到了适合自己的事业，这份事业后来还发展得非常成功。

🎤 归类

我们可以按照从细节到整体的顺序对生活经历进行整理归类。很多时候某个事件没有一个突出的主题，因此请你先从细节开始，把它们放在一起，然后看看是否有一条主线出现。

留意那些穿过蓝点时刻的主线。也许，你一直都有老师的特质，因为你曾帮助班上某个有阅读障碍或数学不好的同学。也许，有一个同学总是被排斥，你便特意找了一个适合他的话题，并邀请他加入大家的聊天。也许，你曾经也有照料者的特质，而这可能刚好是你在其他蓝点时刻上要寻找的主题。

我会给你一些如同魔法代码的语言，这些代码能触发你已经知道的事情，并且让你兴奋起来。你之所以会兴奋，是因为你非常肯定这件事可以归类为某个主题。通过这种肯定，你越来越相信，随着时间的推移，这些故事都是有意义的。这些蓝点时刻开始融合、开始凝聚，最终你发现它们属于某一个主题。

为了更直观地在大学课堂上解释巅峰故事，我请摄制组拍摄过我位于罗德岛南部的家：我的房子坐落在一片树林里，同时它离大海不远。为了解释巅峰故事的主题和主线是如何运作的，我请摄制组在视频中展示了一根生长在橡树上的葡萄藤。我说："你可以看到这些叶子有一个共性，那就是它们不会变成其他的叶子。随着藤蔓的生长，尽管叶子的颜色和线条会发生变化，但它们不会变成另一种叶子。它们一直都是葡萄叶子。"主题也是如此，它的性质不会改变。

在巅峰故事中，我们希望看到同样的一致性。我们希望看到主线和主题贯穿始终,也就是说,故事里关于你的身份的核心信息应该是稳定的。

🎤 正方图表

在识别主题和主线时,我们采取的是宏观视角,现在我们需要采取微观视角,然后在二者中来回切换。当你着眼于故事要素(微观)时,你终将看到主题和主线(宏观)。接下来,我们将学习使用一种我称之为正方图表的方法。正方图表是一种审视方法,它能帮我们审视之前准备好的9个蓝点时刻,从而让我们找出故事中包含的4个元素,即能力、动机、人物和地点。

我之所以叫它正方图表,是因为我把这种方法列在了四方表格里。大表格平均分成4个小表格,靶心是一个均能覆盖4个表格一部分的圆。

第一个表格的标签是"能力",请在这里列出你在各个蓝点时刻展现出的能力。其他3个表格的标签分别是动机、人物和地点。将蓝点时刻对应的要素分配到标签对应的表格中时，请注意查找多次出现的词汇。

把多次出现的词汇移到靶心，或者用箭头将它指向靶心。有时候，你也可以在靶心放一个象征性符号，这个符号可以代表你收集到的所有特质。我们将在本章最后的练习中对此进行更深入的研究。

🎤 我的正方图表

在这个正方图表里，我的能力标签是创造性。我是一个深入细节的倾听者和探索者，以及一个细节分析者。我喜欢把事情做对做好。我的动机是给别人提供学习工具，也就是说，我知道这些特质放在一起很有用。人们在我的帮助下从工作中解脱出来，他们开始能更多地关注他们的家庭生活，并且更多地发展他们控制情绪的能力。我还想让那些只为高层管理者的发展所用的学习工具大众化，这样普通人的发展也能更高效、生活也能更快乐。这就是我的英雄的蓝点时刻、协作的蓝点时刻和超我的蓝点时刻。

关于人物，即某种特定类型的人，我想到的总是学生。不管是为某些大公司工作，还是在大学教书，我都在做同样的事：教学。

在填写正方图表的过程中，你会发现有个主题贯穿你的生活。如你所料，我的主题一直是非常有教师特质，同时我的主题也非常有包容特质，即包容每个人的感觉。

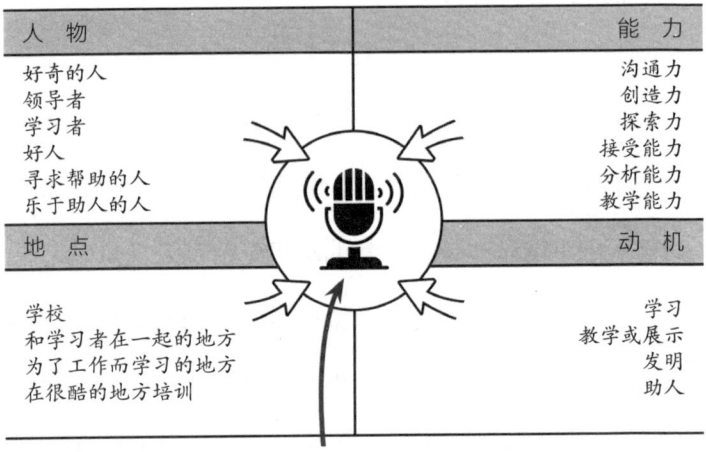

我贴在靶心的标志是一个旧式麦克风，就像我们在电影里经常看到的那样，校长在讲话时常常用到这种麦克风。为什么选择这个符号？看看故事徽章解析的蓝点时刻，再看看这个正方图表收集的所有蓝点时刻，我清楚地看到，我的目标就是帮助人们构建自己的故事并将其表达出来。

🎤 识别模式共性

正方图表能帮我们解析生活经历，并巩固蓝点时刻。它的使用也非常简单，你可以在本章最后的练习中试一下这种方法。

接下来要做的是识别模式。信念是否有共性或一致性？事物之间是否有相似之处？你是否在需要改变的时候很灵活？你是否发现对于有些事，你能坚持得更久，或者你能做得更频繁、更有深度？也许你曾经错把自己当成了照料者，直到中年。现在你想要重新扮演这个角色，你想在道德层面做一个领导者和一个照料者。以你目前的角色，你该如何做到这一点？

🎤 人格原型的力量

说到识别模式，其中一个方法就是想象自己是书中或电影里的某个角色。想一想你该如何把自己塑造成这个角色？

电影导演乔治·卢卡斯就喜欢用原型或特定类型的人来创作电影。值得一提的是他制作的电影《星球大战》，这部颇受欢迎的电影就是受到了神话研究学者约瑟夫·坎贝尔的启发。

坎贝尔是《千面英雄》的作者。他在研究世界各地的神话时发现，为了更好地传播这些涵盖了无数英雄的神话故事，所有的神话故事都是按照特定的结构组织的。尽管现实中存在许多原型故事，但卢卡斯特别喜欢英雄类的原型故事。他清楚地意识到，如果英雄故事能够以一种精确的方式展开，那么我们就能在电影中理解这些原型角色。卢卡斯还从坎贝尔那里了解到，神话看似讲的是发生在人间以外的故事，其实它们也发生在人间，这也就是坎贝尔所说的"外层空间的内部延展"。（译者注：《外层空间的内部延展》是约瑟夫·坎贝尔在1987年去世之前完成的最后一本书。在其中，他探讨了艺术、心理学和宗教的交叉点，并讨论了新神话的产生方式。）

在20世纪上半叶，奥地利心理学家卡尔·荣格研究了人格原型的来源。他提出，人格原型来自我们的集体无意识。荣格派的心理学家认为，所有人都可以在荣格提出的12种人格原型中找到自己：纯真者、凡人、英雄、亡命之徒、探险家、创造者、统治者、魔法师、情人、照料者、小丑和圣人。当你了解这些角色后，即使你不是心理学家，你也能在别人和自己身上发现它们。例如，老师往往具有圣人对应的人格特质，而我们每个人都经历过一个没有经验的纯真人格时期。

当代荣格派心理学家卡罗尔·皮尔森试着将原型与品牌联系起来。在她与玛格丽特·马克合著的《如何让品牌直击人心》一书中，她特别研究了如何将品牌与原型联系起来。荣格多年前开创的这项研究影响了她对人格原型的分类，她认为人格原型包括孤儿、流浪者、纯真者、魔法师、英雄和照料者等。

你的听众里肯定有人跟你有相同的人格原型，因此他们能够从你的故事里识别出这些人格原型，然后他们就会与你或你的故事发生某种联系。人格原型是我们理解自己的方式，因为我们或多或少都拥有某些共同的人格原型。例如，每个人都有照料者人格原型的特质和凡人人格原型的特质，每个人也都有纯真者人格原型的特质。

🎤 新语言

这么多新内容或许已经让你有点抓狂，但我根本停不下来，毕竟我是一个教授心理学、领导力以及公众演讲的教授！理解主题和主线这一概念至关重要，为了更好地描述你在有关自己生活的这部电影里是如何出场的，我试图创造一种新语言。

原型就提供了这种新语言。

你是更像魔法师和创造者，还是更像听众？你是更像纯真者，还是更像照料者？你是更像小丑、创造者，还是更像老师？你是更像统治者，还是更像圣人？

你是不惜一切的照料者，还是改变事物的颠覆者？你是问题解决者，还是障碍清除者？你是社会正义的不懈倡导者，还是建立群落的独特个体？

我有一个高管客户，她在很小的时候就懂得招募邻居来创作戏剧并进行表演。她能发现人才，懂得如何在节目中为不同的人安排适合的角色，并且她知道如何吸引人们的注意力。后来她成了一名重要的活动协调员，现在她是一家公司的首席运营官。我们一起审视了一些主题，最后她选定了自己的人格原型，即组织者和助人者。也就是说，她总是知道如何在协调事件的过程中吸引人们的注意力。她所到之处总能塑造出某种职场文化。她仍然会像小时候一样寻找各种机会创作戏剧，然而，现在她的观众已不再是家长，而是员工和领导，而她的工作是让这些人对自己的工作感到满意。

她选择了依照从细节到整体的顺序来审视自己的经历。当她缩小焦距去观察细节时，她发现了一个主题，不管是在从前的邻里生活还是在目前的职场生活，她都在以有趣的方式吸引人才。她做的每一件事都是为了创造一种好的文化氛围。她意识到自己总有办法给枯燥乏味的生活增添生气。现在，作为一名领导者，她正在利用自己的领导地位为公司员工创造一种文化，在这种文化中，员工会感到自己的工作十分有意义。这是一项很伟大的工作。

我听说她在准备写一本书，书名叫作《文化生产》。毫无疑问，这既是对她的成长故事的肯定，也是对她现在帮助人们建立具有社区氛围的职场文化的肯定！

串联在时光里

我们的生活故事是在时间中发生的。在时间的纵轴上，就像藤蔓串联着叶子一样，某个主题或主线串联着你生活的各个章节。因此，主题或主线是构成生活故事的关键要素。故事本身就在复述着某个时刻。英雄故事来自过去，协作故事可能来自当下，也可能是关于未知的未来的一种想象。

如果你还没有一个完整的超我故事,那么你也不必担心,或许是因为你还年轻。或者是因为你还没有在正确的公司找到正确的职位。目前你不一定要经历一个完整的超我故事,或许你只是嗅过它的味道,它就像早上咖啡的香味。不管你的超我故事是完全实现了,还是部分实现了,或者完全没有实现,你都可以在已有情节的基础上想象一个可能的未来。

人格原型可以帮你弄明白自己现在扮演的是什么角色,以及你渴望在超我的蓝点时刻扮演什么角色。

我有一个学生,她同意我用她的故事作为巅峰故事课堂上的案例。我们先画出了她的巅峰故事示意图,然后用故事徽章分析了蓝点时刻的细节,最后填了正方图表。我问学生,这个学生属于什么样的超级英雄。

他们毫不犹豫地回答道:"她是神奇女侠。"我问他们为什么,学生们说因为她在使用神力排除生活中的消极情绪。她做的每件事都在排除消极情绪。她之所以这么做,是因为她想要保护3个孩子,她想要在工作中成为一名领导者,她想要让自己重新回到校园深造。

这个过程对她来说就是一种自我证实。站在讲台上，她不禁感叹道："哇，我原来是现代版神奇女侠。"

🎤 生活与电影

如果你不确定自己在蓝点时刻的人格原型，那么我会教你做一件事，那就是问别人的意见。"这些是我生命中的一些重要时刻。你觉得我是什么样的人？如果让你从电影中或书中找一个人物进行类比，那么你觉得我像谁？"如果你没有人可以问或者你不想问别人，那么我也能理解你。大多数人更喜欢在自己的内心完成这部分工作。你猜怎么着？反正你已经有答案了。无论你的答案是什么，我保证你都是正确的！

请接着找出在蓝点时刻浮现出来的主题。既然所有这些经历会共同形成你的本质，那么你的本质是什么？蓝点时刻的细节证据会推动着你展开宏观视角。在宏观视角下，你的角色终将变得明显。

你跟电影中或书中的哪个角色相似？你更像超级英

雄,还是更像神奇女侠?你更像黑豹,还是更像超人?你更像《玩具总动员》里的伍迪,还是更像《超人总动员》里的隐形女孩维奥莱特?或许你有敏锐的感受力,你能够理解并记住细节,并且在必要的时候站出来领导众人。

当我们考虑某一类型的角色时,我们往往会联想到该类型代表的人格原型。角色类型和人格原型可以帮助我们跟随某种模式看到熟悉的主题,毕竟我们的大脑喜欢按模式思考。

🎤 角色创建

我已经提出了很多术语,其中人格原型有助于我们理解随着时间推移而发展的故事主题;正方图表有助于我们对细节进行分类,并找到宏观视角。这样我们就能以能力和动机为基础创建人格原型,从而描述自己是什么样的人。尽管不同的心理学家会提出不同的人格原型,但我们可以选择属于自己的人格原型。每个人的人格原型都不止一个。你可以结合不同的人格原型来命名你的人格原型。下面我列出一些由我的学生总结出的人格原型，以供你参考：

- 英雄型照料者
- 绅士型照料者
- 目的型照料者
- 不知疲倦的倡导者
- 创造型师长
- 积极挑战型伙伴
- 忠诚型生产者
- 谦逊型生产者
- 变革型催化者
- 善解人意的顾问
- 实用主义艺术家
- 拓荒型探索者
- 师长型探索者
- 适应型奉献者
- 依从型士兵
- 有爱心的领导者

- 学习型领导者
- 正当的完美主义者
- 安静的观察者
- 思想家兼实干家

为了更恰当地定义你自己,你可以创造更多类似的组合词,你甚至可以创造新词汇或新词组。

🎤 从细节回到整体

我喜欢狗,所以我要用狗的种类做人格原型的类比。如果你不喜欢狗,那么你可以假装我说的是猫。

当你看到狗的时候,你看到的不是随便什么动物,你看到的就是狗这种动物,它是一条完整的狗,而不是由细胞组成的狗。而且你看到的不只是一条狗,它是某种类型的狗。它有可能是澳大利亚牧羊犬、拳师犬、拉布拉多犬、贵宾犬、杂交犬,但总之它们都是狗。

它们都一样,也都不一样。我想这是理解荣格的人格原型的最好类比。所有人都是人,只是他们在生活、工作或者娱乐中涌现出了一些特定的特征。

如果你已经明白了人格原型的工作原理，那么现在试着想象自己是一条狗，这种想象或许可以帮你弄明白自己是什么样的人。你是警卫狗、爱玩的狗、忠诚的伙伴狗，还是好斗的护主狗？狗有各种类型，不同品种的狗有不同的标志性特征。

这对思考自己是什么样的人有帮助吗？先回到细节里去，再看看整体，这些细节特征的哪种表现形式会成为你的原型角色？

一旦你可以从细节回到整体，你就可以有更多的精力和信心来组织你的故事。这就是下一章要讲到的内容。

应用正方图表

巅峰故事的关键要素是时间。主题是穿插在时间线里的事实,它是连续的,我们不能否认它的存在。尽管它所有的要素并不都是完美的,但它总能在特定情境下让你激动。

记住,我们正在进行实实在在的科学探索。你收集的证据在时间线上是一致的,你正在学着分析自己。

我们在寻找一致性,这样我们就可以把证据串联起来了。

你已经有了答案,它们就在故事徽章示意图分解出来的那些要素之中。

创建正方图表可以让你识别属于自己的模型。找一张纸,在上面用尺子画一个方格,平均分成4份,然后在表格的中心处画一个圆圈。

现在用故事徽章练习里学过的方法，给4个小格子贴上标签：右上角是能力，右下角是动机，左上角是人物，左下角是地点，靶心的圆圈处暂时留白。

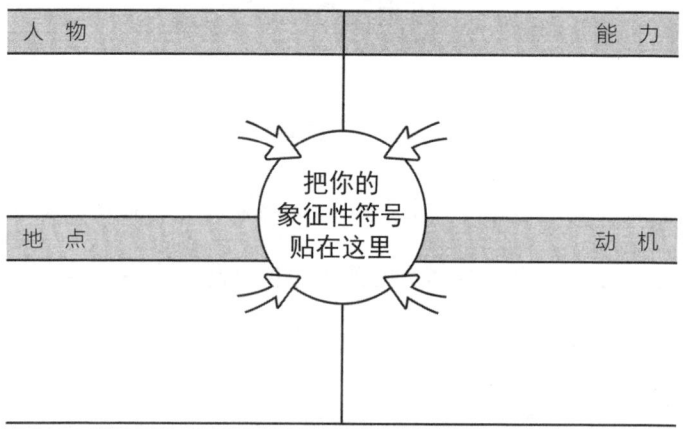

现在回看你用故事徽章分解过的蓝点时刻，在对应的表格里写下这些蓝点时刻对应的能力、动机、人物和地点。

寻找共性规律。有些能力，比如沟通力，可能在3个不同的蓝点时刻都出现过。也有可能你发现自己的蓝点时刻发生的地点都是户外。我就有这样一个客户，她发现自己想把更多时间用于在户外做沟通和引导工作，于是她改变了工作模式。

你很可能会在英雄的蓝点时刻（过去）、协作的蓝点时刻（现在）和超我的蓝点时刻（可能的未来）发现不同的能力。如果你经常在户外，那么请你画一个箭头把其中的关键词汇指向靶心；如果你总是在影响一群人，那么也请你画一个箭头把其中的关键词汇指向靶心。

请你用箭头把所有关键词汇都指向靶心。

地点有什么作用吗？你喜欢有压力的环境还是比较安逸的环境？记得用箭头把关键词汇指向靶心。

看看4个方格，再看看靶心，这些要素在你生命的各个章节中形成了一个向心关联。现在请你想出一个符号来概括这种联系，把这个符号画在靶心。在我的靶心的符号是一个旧式的麦克风，这既因为我是一名老师，也因为我一直在教人们如何说话。有的人的靶心的符号可能是一只耳朵，因为他们是很好的倾听者。我有一个学生给他自己画了一把扇子，我问他为什么，他说："因为我能让人们冷静下来。"另一个学生画了一个秒表，因为他可以很快地组织所有事情。

把正方图表画在你的日记里。如果你把它画在了别的什么地方，那么你就给它拍个照，然后将其打印出来粘在书里。

  这些就是巅峰故事模型的基本内容。

第 7 章

创建巅峰故事

向后看能理解生活,向前看才能生活。

——苏林·齐克果

我们将在这一章学习如何创建巅峰故事。然而，在开始之前，我们还需要对我们的积木模块，即蓝点时刻进行分类整理。

先从蓝点时刻开始吧。你是否还记得，史蒂夫·乔布斯于 2005 年在斯坦福大学的毕业典礼上进行的著名演讲？他所经历的一切，包括在里德学院旁听书法课程，都启发和改变着他的故事。旁听书法课程似乎与领导一家科技公司无关，但却与他的人生故事脉络息息相关。

他是怎么选择蓝点时刻的？答案是通过分类整理。

乔布斯在这次演讲里提到的蓝点时刻只是他许多生活时刻的一部分。就像你我一样，就像所有有故事的人一样，他是一个蓝点时刻系列的收藏家。我们每个人都有很多故事，但巅峰故事示意图可以帮我们把范围缩小到 9 个最强有力、最突出的时刻。

现在，请开始对自己的生活时刻进行分类整理。

🎤 分类整理

请你再次回看自己的故事徽章和正方图表。然后用下面的故事脉络梳理表格来对蓝点时刻进行分类整理。

注意标签为"英雄""协作"和"超我"的 3 列。选一个英雄类的蓝点时刻，写进"英雄"这一列的第一行，然后写下你选择它的原因，并写下它体现出了你的哪些重点能力或技能。选一协作类的蓝点时刻，写进"协作"这一列的第一行，然后写下你选择它的原因，并写下它体现出了你的哪些重点能力或技能。选一个超我类的蓝点时刻，写进"超我"这一列的第一行，然后写下你选择它的原因，并写下它体现出了你的哪些重点能力或技能。依此类推。

说起你选择某个蓝点时刻的原因，或许是由于你在 7 年级的时候赢过艺术比赛，这表明你有成为艺术家的天赋。尽管当时没有人认为你是一个艺术家，但这段经历代表你曾经使用过竞争力和创造力。或许你在大学里转过学，这表明你有独立思考的能力。

故事脉络梳理
讲述巅峰故事——故事分类表

讲故事的意图：_____
讲故事的地点：_____
听众群体：_____
时间：_____
目标听众有哪些细节特点需要考虑？

你可以用这个故事分类表来对故事要素进行分类整理。这个表格可以帮助你决定哪些内容可以出现在你讲述的巅峰故事中，或者出现在你与他人的会话交谈中。注意填写每一部分的动机，以及你在这个故事中体现出的重点能力或技能。

英雄	协作	超我

序号1
为什么选择它？
重点能力或技能：

序号2
为什么选择它？
重点能力或技能：

序号3
为什么选择它？
重点能力或技能：

你既可以在日记本中画这样一个表格，也可以另找一张纸画。每探索一段经历，你都要填一个这样的表格。这看起来有点累人，但是，相信我，这有用。

每写下一段重要经历，你就问问自己："我为什么选择这个？"参考故事徽章来分析每个蓝点时刻，参考正方图表来强调某种能力或某些能力。故事里的动机清晰吗？请在表格中备注清楚。虽然上面的表格里没有填写人物和地点的地方，但是别担心，它们会在你的描述中自然显现出来，你不需要单独将它们列出来。

✏ 9个蓝点时刻的清单

当你完成上面的表格后，你就会发现自己有了9个蓝点时刻的清单。你已经筛选出了重要信息，解释了为什么选择它们，并列出了其中涉及的重点能力和动机。

现在你终于准备充分了，你可以开始构建自己的故事了。

接下来做什么？你已经掌握了需要学习的所有内容，

但这又好像多到有点让人不知所措。不必惊慌，我们不是必须用掉全部 9 个蓝点时刻。

巅峰故事只需要 3 个时刻：一个英雄的蓝点时刻，一个协作的蓝点时刻，以及一个超我的蓝点时刻。这 3 个时刻就足够让你确定自己是谁：过去什么样，现在什么样，以及未来将变成什么样。

🎤 讲故事的意图

选择蓝点时刻的关键是弄明白你讲述故事的意图是什么？你想从讲故事中得到什么？

如果是讲给你自己听，那么你可能是为了弄清楚自己是谁，或者是为了帮自己做一些决定。没错，巅峰故事模型可以帮你重写讲给自己的故事。如果是讲给别人听，那么这可能是因为你当了新领导，你需要建立作为领导的信誉或声誉，这也可能是为了消除一些错误切片。让我们回顾一下我所谓的"错误切片"：人们有时候会因为你的长相、你的名字，甚至纯粹是道听途说的内容，就认定你是某种类型的人，但是你不认同它们，你想要纠正这种错误印象。

很多时候，对方想知道你是如何成为今天的自己的，同时你也想告诉他们这一点。你有一个英雄的蓝点时刻，你独自克服了一些困难，这让你有了与人合作的基础；你也有一个协作的蓝点时刻，这说明你不只是一个只会到处攻坚克难的大英雄；你的巅峰故事中也有超我的蓝点时刻：你和别人一起做着喜欢的工作，你过着自己喜欢的生活，你享受着自己喜欢的娱乐活动。于是，他们得知你是一个可以克服障碍的英雄。他们听说你很善于合作，他们也可能会愿意跟你合作。在你与他们的合作中，你开始朝着巅峰故事的最高层次前进，那就是成就超我的蓝点时刻。

错误切片就是这么被修正的。但是为了发挥巅峰故事的作用，你必须把这些想法构建出来。在这个例子里，一切看上去都很简单，但是你该如何讲述这个故事呢？你必须挑选内容，并且加工信息。

🎤 分析听众群体

至于选择哪个英雄的蓝点时刻开始你的故事，听众群体是关键。因此，你需要先分析一下听众群体。

你的故事要讲给谁听，他们是在哪里听？也许听众是正在和你开会的金融同行，也许听众中既有领导，也有新员工。有人在你前面介绍你吗？地点是一个比较随意的场合，还是一个比较正式的场合？这是一个线下会议，还是一个线上会议？从这些问题中，你可以看到人物和地点的重要性。

当你弄清楚讲故事的意图以及听众群体后，你可以决定：有哪些蓝点时刻可供选择，为什么要选择这些时刻，以及要讲多少内容出来。记住，你随时可以筛选这些蓝点时刻，以符合你这个讲故事的人的身份。因为这些时刻代表着你的价值和意义，所以为了更好地呈现你的积极属性，你可以正着讲、反着讲，放大讲、缩小讲。

你有所有这些选择的决定权，而且你已做好准备。当你给听众讲故事的时候，你不必害怕说的内容过于保守或过于偏激，因为你知道自己要讲的核心内容是什么。如果你觉得自己讲的内容有点跑题了，那么你就回到核心故事上来。核心故事是什么？核心故事是最真实、最可行的故事，它就像一个多功能虚拟存储器，它最有可能在所有情况下都行得通。

不过，我们在这里暂时不深入探讨如何讲述故事，让我们先聚焦如何构建故事。

细想你的听众群体，他们是什么样的人？他们是更相信感性和直觉，还是更相信理性和分析？他们有没有服务背景？他们是否很现实？你现在正在构思的故事能否被不同的听众群体所接受？答案通常都是肯定的。即使故事的构建不是一次性任务，但你可以多次使用相同的故事。你对这一说法还是有些怀疑，对吗？

🎤 调整故事

请相信自己选择的蓝点时刻，你想要讲述的故事最能代表你的叙事身份，你通过自己的故事活成了这个叙事身份。你的人生故事是由3个时刻组成的生命轨迹，它们分别是英雄的蓝点时刻、协作的蓝点时刻、超我的蓝点时刻。一旦你拥有了自己的核心故事，你便能够根据不同的听众、不同的情境塑造这个故事。

根据故事分类表来确定你要在何时何地讲某个故事。那是一天中的什么时间？有没有什么特别的细节？这些问题的答案能够帮你在不同的时刻，比如在对话交流、自我介绍、建立客户关系、发展业务时，为你讲述巅峰故事挑选不同的要素。

故事要素的分类一旦完成，我们就要开始考虑细节了。关于这些蓝点时刻，请记住你都发现了什么，比如关于主题和主线的内容。现在，你可以看着某个蓝点时刻自信地说："就是这个时刻，就是这种能力，这就是为什么我的故事里必须包含这个蓝点时刻。"然后，再次问自己：为什么选择这个蓝点时刻？为什么这个故事对你来说很突出？因为你或许会忘记原因，毕竟人们也总是会忘记原因。据我所知，很多人在进行蓝点时刻的分类整理时写了满满一页纸，又一下子把它们全部丢到一旁，因为他们突然觉得这些蓝点时刻相互之间毫不相干。于是，他们不得不重来。请相信你已经拥有的蓝点时刻。当你做练习的时候，这些蓝点时刻出现在你的脑海中肯定是有原因的。

🎤 整合故事

当你完成蓝点时刻的挑选时，我总是建议人们把英雄的蓝点时刻、协作的蓝点时刻和超我的蓝点时刻这3种时刻写在一起。巅峰故事就是把这3种时刻整合到一起后形成的。

很多人选择手写而不是在电脑或手机软件上书写他们的巅峰故事，然后他们会将自己的手写稿拍照发给我。其中一个人是这样跟我说的："我带着日记本去了公园，然后我就坐在海边，海上有皮划艇运动员，有帆船冲浪者，海边有钓鲈鱼的人。我就出来随便逛一逛，因为我需要思考，需要写作。写完后，我想给你看看我写了什么，我想让你读读我写的东西。"因此，你也可以找一个舒适的地方去写你的故事，无论哪里都行，只要你能写出来。但请你保持这个习惯，为每个故事坚持写一到两段话。

尽管我鼓励你多使用细节，但是你要尽量保持简洁，别最后写满 10 页纸。

调整语音语调

一旦故事确定下来，我们就需要调整语音语调了。试着大声读出来，录下来，听一听（这一章后面的练习就是针对这一点的）。下面是你在调整语音语调时需要考虑的问题。

意图和身份。你讲故事的意图是什么？在你选择 3 个蓝点时刻时，你在自己故事里的角色跟你想象中一样吗？回头检查一下。它是清晰的吗？你当时是怎么知道这一点的？用荧光笔标出你喜欢的部分和你不那么喜欢的部分，努力重写那些你不那么喜欢的部分。

核心信息。故事的核心信息是什么？找出主线和主题。核心信息足够清晰吗？它足够将 3 个故事串联起来吗？

听众群体分析。你是否根据听众对细节做出了调整？如果听众是技术型的人或非技术型的人，那么你会做什么样的调整？你需要展现自己更善于进行理性分析的一面吗？你展现创造性的内容是不是有点太多了？是否有一些细节偏离了主题，或者它们对听众造成了干扰？

可调节性。我的听众中有囚犯，有狱警，有高管，有正处在转型期的人，也有大学生。我总是会根据不同的听众调整自己的故事，你也需要进行类似的调整。

节奏。大声读出来是发现并纠正故事中存在的问题的最好方法。当人们迷失方向时，他们有加快语速的习惯。如果是这样，那么当你在读自己的故事时，你加速了吗？为什么？

说话风格。你能在故事中找到可以让听众参与进来的地方吗？因为你不是在跟听众交换意见，所以它不必是一段完整的对话。有时候，提出一个点醒听众的反问句就足够了。有时候，你可以呈现给他们一个不同寻常的转折性叙述，比如"我曾经是一名艺术家，但我现在从事金融方面的工作"。这时候，你要给他们预留时间做出反应。你和听众的对话交流就是这样建立起来的。

停顿。你不必像过去电视里的疯狂演讲者一样：扔掉麦克风，挺起胸膛，挥舞双臂。但你一定要让听众知道故事已经结束或即将结束。

🎤 "你到底是怎么进入金融行业的？"

让我们举例说明一下，看似随机的蓝点时刻是如何组合在一起的。我要讲的是一个理财顾问的故事。在他参加某些研讨会的间歇，总有人问他："你到底是怎么进入金融行业的？"对此，他也总有一个完美的回应。

他把 3 个蓝点时刻放在了一起，这 3 个蓝点时刻分别是他小时候的一次旅行、他当过海军的经历，以及他进入金融行业的经历。

他说："这一切都源自我从奥尔巴尼坐火车去纽约见我父亲时的经历，那时我才 14 岁（英雄的蓝点时刻）。后来我父亲辞去纽约的工作，转而开了自己的证券公司，那时的我从来没有想过有一天我会接手他的生意。再后来，我加入了海军，成了一名军官。我曾经和同伴们在印度洋上救过一个人的命。这个人本来在另一艘船上，而我们当时在一艘军舰上。如果你从未见过两艘船在大洋中相遇，那么你就难以想象那个画面，那就像是把一个人从20楼的窗户护送到隔壁楼的房间中。最后，我们不得不开了一架直升机到另一艘船上去营救那个人。我们平时是一艘协助商船的军舰，但我们在那次紧急救人时面临的风险远超想象，远超我们平时在训练手册上学到的风险。但最后我们救了那个人的命（协作的蓝点时刻）。再后来，我离开了海军，开始和父亲一起工作，我们的公司经营得很成功。公司的生意发展得十分快，因此另一个更大的组织并购了我们的公司。我喜欢帮助人们通过金融语言（超我的蓝点时刻）来获得稳定的感觉。"在这个故事中，英雄的蓝点时刻、协作的蓝点时刻和超我的蓝点时刻显然来自不同的领域，但它们都在讲述同一个巅峰故事。

🎤 分解故事

让我们来分解一下这个故事。

从这个故事中，我们可以明显看出，这个人的原型角色之一是给别人带去稳定感的照料者。另外，这个故事也说明他有通过认知调节来适应高风险时刻的能力，这在金融市场上以及印度洋的那艘船上都很有用，这两种情况都是充满了随机性的复杂情况。为了让他的故事显得合理，他不仅要成为一个照料者，还要成为一个能理解变量的照料者，以及一个有良好组织能力的人。"组织"这个词在这里指代一种能力，它指的是一种了解事情如何运作的加工能力。它不仅仅是一种如何保持桌面整洁的能力，还是一种关于如何将复杂事物分解成简单事物，或者着眼于简单事物并理解它的复杂性的能力。这个理财顾问可以将这些特质整合到他的组织架构中，从而创造出一个故事，这个故事里的他就像一个不断面对复杂代码的黑客，他不仅具备创造力、耐心和深度理解力，还知道如何在明显的混乱中进行自我导航。

顺便说一句，他还是个飞行员，这或许并不出人所料。在听了他的故事之后，你会愿意和他一起飞往任何地方，因为你信任他。如果他和你一起做财务决策，那么你也会信任他。因为他的叙事和他的蓝点时刻都支持一个事实：没有人会在一架飞机没有进行彻底的风险分析前就敢驾驶它。

这个人在会议间歇讲完了他的故事。"我很高兴能和大家在一起做事，所以……好吧，那么，下一个谁来？"每个人都惊叹道："哇！"他的故事有一个清晰的故事脉络，大家都看懂了他的人生轨迹。

🎤 讲述故事

巅峰故事的优点在于其便携性和可适配性。它就挂在巅峰故事示意图这个"架子"上，它不仅合情合理，并且能自动生成结果。讲述巅峰故事通常需要花费 3 分半钟到 5 分钟时间，但如果你只是随便选取一些蓝点时刻和一些人格原型随便聊聊，它甚至可以缩短到 1 分钟。

掌握了要领以后，你可以整合几个不同时长的巅峰故事：92秒的，72秒的，2分半钟到3分半钟的。如果有人邀请你做TED演讲，你甚至可以做一个18分钟的演讲版本。但理想的时间通常是3分半钟到5分钟。请你录下自己的故事，看看有多长时间。

大声说出你的巅峰故事，用智能手机或其他设备将其录制下来。大多数人更喜欢私下做这些一开始的重复性工作，而不是让其他人参与其中。

回头再听一听，放慢听。

我们可以向职业运动员学习这一点。职业选手和业余选手的区别在于他们对比赛的痴迷程度。这是因为相比业余选手，专业选手能得到循环反馈。其最好的循环反馈之一可能就是捕捉和记录现场排练的效果。一旦走进现场，你就无处可藏了。

当你看到棒球运动员做某些动作的影像，比如挥棒、投球时，你总是会看到那个人好像在对自己说，"我必须让我的手好好发挥"，或"我必须跳到那个点上"。现在你变成了职业讲故事的人，你也需要这样反复练习。

🎤 主要反馈

我们得到的反馈主要来源于分析自己的表现。

请注意，我没有要求你去寻求其他人的意见，还没到时候。目前这个任务是给你的，这是为了方便你能从头到尾了解自己的故事。

请带着批判性去倾听：哪些地方还需要修改？有没有哪里说得太多了？有没有迷失在细节中？过度解释了吗？怎么才能把这个故事删掉？说话的语气是否积极向上？当故事发生变化时，你是否也在转换语调？你知道吗，你的语音语调也可以传达某些意思？

如果做过头了，那么就少说点。尝试淡化这些蓝点时刻。你不必清空所有细节，但是你要记得保留重点内容。

拿我自己举例，我会简单明了地告诉人们，我曾经是一个喜欢小轮越野车的人，也就是说我曾经对小轮越野车非常痴迷，我是一个探索者。这就够了，才 5 秒钟。这就是我现在需要告诉听众的内容，因为一段简短的陈述往往足以纠正人们对我的错误印象——他只是一个西装革履的教授，一个不知道其他任何东西的人。我的着装或者我的教授身份可能会干扰人们对我做出的即时评价。好吧，但刚刚那句话足以让他们觉得也许这家伙知道的东西比看起来要多。

是的，我只需要说："不不不，别被骗了。我需要你了解完整的我，我不只是你看到的某一部分的我。"一旦我那样说了，一个在年轻时喜欢小轮越野车的我，就取代了西装革履的教授身份的我。这个时候，听众再也无法摆脱那个在年轻时喜欢小轮越野车的我了。

✏ 讲述现场

一旦你开始现场讲述自己的故事，人们就会想听到你创造生活新方向的方式，而你也正在满足他们的期待并且给他们带来启发。每个人都知道事情是如何在自己的生活中运作的。要解释自己的生活，你只需要知道这些蓝点时刻是如何形成的。现在是你的教学时刻。

即使在这个阶段，你可能仍然在想，嘿，我可以改变我的蓝点时刻吗？当然可以。你已经做了所有的工作去了解它们。但你先要练习核心故事。钢琴家每天练习音阶是为了让手指形成肌肉记忆，这样他们才能够在需要灵活改变曲调的时刻轻松演奏。

不要担心你的巅峰故事听起来总是一样的。它听起来永远不会一样，这就像在现场调音后演奏某首曲子，你无法预测现场观众的反馈是什么。

你可能会停下来问听众，你们中有人当过兵吗？这样的问题可以促进现场的互动对话。有的人可能会说："我是一名海军军官，而且我发现自己喜欢系统事物运作的方式，我喜欢秩序和稳定。"这样你就对现场听众有了一点儿了解。

你可能会想，这个家伙才是个真正的英雄。了解过现场听众后，你可能会犹豫，是否还要继续分享自己的英雄故事。

请记住一点：大多数人都喜欢听别人年轻时的故事。这就是所谓的纯真者原型在起作用。这就是为什么我们喜欢书中或电影中纯真的角色，或者大器晚成的人；这就是为什么我们觉得小孩子或小狗很可爱。因为这些角色对生活充满好奇。

此时，你可以插入过去的故事。让我们回到当过海军的理财顾问的案例。在这种情境下，他可能会这样插入自己过去的故事："你知道，这有点儿好笑。就在几天前，我在想我一生中最可怕的时刻之一发生在 20 世纪 80 年代，也就是我 14 岁的时候。那时，我需要独自坐火车去纽约见我父亲，他在那里开了一家公司。从奥尔巴尼独自出发去纽约，这对当时还是个孩子的我来说是一次非常重要的旅行。"年轻时的英雄故事更容易让听众停下来思考，并认同我们所说的内容，因为他们也曾经年轻过。

🎤 克服阻力

一想到要讲述刚刚构建好的巅峰故事，你或许会有一些犹豫。但这就是你的生活，这不是瞎编的，这一切都真的发生过。非得说有什么关联的话，那就是它和你今天所做的事有关联，因此，你要把它变成自己的一部分，并以此为荣。巅峰故事就像一座桥，现在两边都说得通了，你要相信自己。

如果你还是无法克服犹豫，那么就试试这个。双手合十，交叉手指，一个手搭在另一个手的上方，要么你的右手拇指搭在左手拇指上，要么反过来。现在，试试另一种搭法。

感觉有点奇怪，对不对？

没别的办法，你只能克服它。让双手保持这个奇怪的姿势 5 分钟，10 分钟，你就不觉得奇怪了。没事的，你只是在一开始的时候会感觉奇怪。

你有段时间没怎么用过与讲故事有关的这些脑力肌肉了吧？别再想了，认真地讲个故事吧。这是你的生活，请继续吧！重复的次数越多，效果就越好。这就像做俯卧撑、抬腿，或者练习音阶一样，讲故事也是一种实践。你讲故事的次数越多，你得到的结果就越好，就这么简单。

你只需要开始讲,然后一切就顺理成章了,这是我们与生俱来的行为方式,它印刻在我们的内心深处。曾经人类十分重视讲故事,但如今的我们却过度依赖网络社交工具,而不是进行面对面交流。

🎤 故事和生活

你已经在脑海里组织好了自己的故事。现在一切都说得通了。

顺便说一下,你可能会发现自己走路的时候变得更冷静了,你甚至可能会忽然觉得自己想在工作上做一些改变,而且这种改变的想法并没有让你失去冷静的态度。这种情况在我的学生中很常见。

你已经瞥见自己生活中超我故事的一面,尽管你认为自己现在已经生活得很好了,但这一面也许和你现在的生活有点不同。例如,作为一名财务顾问的你忽然发现自己想为退伍军人服务。在你职业生涯的这个阶段,作为一个拥有更多自主需求的人,你真的很想在退伍军人公益计划方面做一些工作。你可能想为退伍军人开一个主题研讨会或运营一个非营利组织。

巅峰故事模型并不意味着你必须打乱自己目前的生活秩序。它包含的一些方法也会让你目前的生活和工作变得更有活力、更有价值。我知道人们想要做有意义的工作，想要进行有意义的自我表达，你应该也是其中一员。

🎤 传播

使用巅峰故事模型还有一个好处，那就是人们会向其他人转述你的巅峰故事，这样一来，越来越多的人开始传播你的故事，越来越多的人开始听到你的故事。你已经在现实世界走红了，你得到了一些来自现实世界的"赞"。

如果你说自己是一个有着 18 年工作经验的注册理财规划师，那么这明显不是一个令人激动、让人想再次传播的故事。你觉得人们会给其他人讲这个故事吗？"嘿，我今天遇到一个人，你知道我遇到谁了吗？他是一个注册理财规划师，他已经干这一行将近 20 年。他毕业时获得了经济学学位和工商管理学硕士学位。"这个故事就像千百万其他的故事一样乏味。

再看看另外一个故事，它是不是更有能量？"我遇到一个人，他曾经是个海军军官，他在英国石油公司的船上救过一个人，这个人被烧伤了，因此这位军官打电话叫了一架直升机，然后他跳上那艘船救起了那个人。后来，这个人在退役后开始跟他父亲学习。他小时候曾独自坐火车从奥尔巴尼到纽约去看他在那里工作的父亲。现在他的父亲已经退休了，因此他接手了家族企业。在他的经营下，他的家族企业成功被奥尔巴尼一个更大的组织并购了。他也做金融业务，他做这些完全是由一颗照料者的心所驱使，他是一个有守护品质的人。"如果拥有这样高贵性情的人还不能让你觉得他是个值得信任的财务顾问，那么我真不知道还有什么可以说服你。

如果你愿意，那么你也可以直接说自己已经做了18年财务规划方面的工作，你有注册理财规划师证书和工商管理学硕士学位。但你也知道，这听起来完全没有说服力。

分享巅峰故事

整合好故事后,请把它记录在智能手机或电脑里。你想调整多少次就调整多少次,直到你满意为止。

人们一般会调整十几次到几十次不等,然后他们才会觉得文字稿差不多合格了。在文字稿让你满意之前,不要费心给自己录像。当人们录了接近30遍视频时,他们才会逐渐开始对这个故事的变化感到非常兴奋。有些人需要为每个蓝点时刻选择一个符号,他们说这有助于防止他们过于专注,也就是防止他们不停地说自己写下的一切。

你不会搞砸的,因为你已经做了所有的工作。如果你感到有压力,那你可以去捶沙袋缓解一下。

最重要的一点是,当你最终对自己的视频感到满意时,你会想将其分享给自己信任的人。除视频之外,不要给他们任何其他附加信息，然后请他们写下 3 到 5 个能描述你是哪种人的词。

你可能会惊讶地发现，他们竟然对你的故事有那么强烈的反应。

你可以在便签上记下他们发给你的评价，然后把便签贴在镜子上或墙上；你也可以把写有评价的邮件或短信进行截图，然后将其保存在电脑或手机里。

这些积极的词汇就是人们听了你的巅峰故事后在大脑里产生的连接。

你可以把自己的视频多发给几个朋友，然后记下他们给你的所有评价，每 5 个词分为一组。有些人把它们变成了词云图，有些人会把它们装裱起来，放在办公室里，他们说："我就是这样讲述自己的故事的。"那些评价就像是可以用来收藏的工艺品一样。

表演的关键是信心，这里的"信心"指的是你要对自己的故事"充满信任"。故事应该是在你的内心驱使下自然流露出来的。如果你确信你的故事对你的生活做出了贡献，那么没人能质疑你。

还有一件事，那就是你不必非得把自己的表演录下来，你也可以找个机会进行现场表演。例如，你正在某个咖啡馆和一些朋友聊天，你可以说："我现在想要讲一些事，我想让你们写下3到5个词评价我的表演，方便吗？知道吗，就在前几天，我在想我第一次坐飞机的时候……"然后你引出了第一个蓝点时刻，接着是第二个蓝点时刻，再接着是第三个蓝点时刻……你就这样讲出了自己的故事。

我见过有人这样做，听众的反应一般是："老天，你太酷啦！"

到目前为止，这是巅峰故事模型中最具变革性的部分。人们开始习惯讲述他们的故事。他们理解了巅峰的真正意义，并从此开始滔滔不绝地讲起故事来。我不在乎他们有多自信或者假装有多自信，我知道他们是开心的。我曾经见过一些高管在得到同组的十几岁的学生的评价后，脸唰地一下就红了，这是让人极度兴奋的时刻。

我们都希望得到肯定，巅峰故事表明我们是有价值的，这就是故事的全部意义所在。

想想你的生活，人们会在什么时候给你这样直接的反馈？他们根本不会。

这么说来，讲述你的巅峰故事岂不是很有趣。

第 8 章

如何过有意义的生活

行动起来未必总能带来幸福,但如果不行动必然没有幸福。

——威廉·詹姆斯

我一开始创建巅峰故事模型是为了帮助个体表达自我价值和意义，但后来的事实证明，它还是一个有用的心理学工具，因为它可以帮助人们更好地理解个人生活。不仅如此，它还可以让我们更好地理解组成生活的现实和知识。也就是说，巅峰故事模型是一种哲学，

可是如今没有太多人讨论哲学了，我们的时代也没有柏拉图和亚里士多德这样的哲学大家了。如今我们更愿意关注运动明星、运动教练、夸张的销售人员、视频博主、网红在说些什么。

他们讲的大都不是哲学，哲学是对存在的本质的理解，它是世界与生活的指导框架。当今世界还是有很多哲学家的，但他们的作品鲜少成为主流。

🎤 充实的生活

作为一个框架，巅峰故事模型能帮我们整理、排列、整合自己的生活经历以及生活态度，最终让我们以故事的形式将它们讲述出来。在我推广这种方法的过程中，人们常常告诉我，他们想反复使用巅峰故事模型。巅峰故事模型其实也是一种可以对生活做出基本解释的哲学：整理生活中的蓝点时刻和非蓝点时刻，并给它们划分层次。

巅峰故事模型可以帮我们反思，反思往往可以让我们过上充实的生活。巅峰故事模型通过对我们最有利的方式解释我们生活其中的现实世界，从很大程度上来说，它就是一种哲学。

自助小组和宗教其实也在帮我们解释生活，但是它们经常表达的内容是：生活艰辛，我们要想办法撑下去。它们往往没有告诉我们该如何过上充实的生活。

对很多人来说，巅峰故事模型扮演着解释生活的功能，它也是我思考生活的核心哲学。我们最终想要的不是在自己的英雄故事里陶醉，也不是停留在协作故事里，我们最终想要的是过上散发着美德之光的高尚生活。你环顾四周，发现周围的人也生活在他们的巅峰故事这座金字塔的顶端，过着高尚的生活。

讲述巅峰故事是一条让我们反思生活的路径：从英雄的蓝点时刻到协作的蓝点时刻，再到辨别什么样的协作会让我们真正感到充满活力。

最后的结果便是，我们可以成为一种超级进化的、自我实现的人。这时候我们终于可以对自己说："我热爱现在这种生活，选择任何其他的生活都将是不道德的事。""我要教书。""我要当护士。""我必须做木工，没有什么能阻止我。""我学的是工程学，但无所谓，我就是要做厨师。"这就是人们对充实的生活的定义。

顺便说一下，"充实的生活"这个短语可能会让你想起苏格拉底曾经说过的一句话："未经审视的生活不值得过。"

与苏格拉底争论可能有点不礼貌，但我会说："好吧，或许吧……"

幸福水平

仅仅审视自己的生活是不够的。我们必须把自己在审视中的发现融入巅峰故事模型，把内在的东西从体内搬到体外。因为生活毕竟是一项社会运动，社交是我们快乐的主要来源。心理学家兼作家马丁·塞利格曼在研究幸福之后区分了幸福生活的3种类型，它们分别是快乐的生活、充实的生活和有意义的生活。

快乐的生活指的是我们频繁地、相对一致地做一些让自己愉快的事情。在巅峰故事的概念里，快乐的生活意味着对着自己讲述自己的故事，如果用棒球术语来表达，那此时的击球率就是50%。这就像抛硬币，我们得到正面和反面的概率是一样的。我们的故事与我们正在做的事情有时候匹配，有时不匹配。

充实的生活指的是培养、利用以及增长自己的力量。此时击球率可能超过50%。如果我们进入这种状态的时间足够长，那么我们会非常习惯这种生活方式。这时，当我们想到自己的故事时，我们想的是自己是谁、自己在做什么。我们会用积极的方式看待自己,因为我们思考的人生内容是积极的,并且我们的生活在通往目的地的过程中是有意义的。

有意义的生活则充满了目标、意义和真正的幸福。从道德层面来说,我们对自己非常了解:如果我们不能去做自己想做的事情,那么我们就会有一种不道德感。在这种生活中,我们和故事中的自己是完全一致的,也就是说我们不会临阵退缩。这是我们的故事,我们挺身而出,勇往直前,我们敢对自己不喜欢的事情说不。

好的哲学会贯穿我们做决定的整个过程。如果你决定使用巅峰故事模型作为自己的人生哲学,那么你的巅峰故事将成为你通往有意义人生的桥梁。

现在能搞砸你过上幸福生活的唯一方法就是忽略以上这一事实。

🎤 塑造自己的故事

过有意义的生活,意味着你每时每刻都在塑造自己的故事。是接受这份工作还是那份工作？是接受一个教学职位还是一个来自非营利组织的职位？如果代价是远离自己喜欢的事，那么你是否还会选择某次晋升？

如果你喜欢帮助有特殊需求的孩子，而刚好有人可以为你提供一份相关的培训工作，那么这可能就是一次将巅峰故事模型当作一种哲学来实践的机会。巅峰故事模型要求你回头看看自己以往的故事，然后将这个机会和过往的故事匹配起来。你之前的故事体现了你的哪种胜任力或者动机？看看你的巅峰故事示意图，找找自己现在处在巅峰故事的哪个层次，想想自己未来想往哪个超我方向发展。

别管别人怎么看，你才是最了解自己的人。

这也是为什么我说巅峰故事模型是"超越"了充实生活的哲学。因为巅峰故事模型能让我们过上有意义的生活。巅峰故事更注重匹配与否，就像两个部件扣在一起的时候，声音是"咔嗒"（表示匹配的声音），还是"噼啪"（表示不匹配的声音）。这个故事在这里"咔嗒"了，完美；这个故事在这里"噼啪"了，可惜。

在一天中，你可能要做 5 到 10 个决定来校准自己的故事：打哪些电话？与朋友或前同事吃什么样的午饭？根据你以往的故事，你甚至要决定自己是否应该吃这顿午饭。不要做那些与以往故事情节不符的事，否则你的生活就只是没有意义的随波逐流。用巅峰故事模型整理生活经历可以为你的生活增加力量。这也是为什么现在有越来越多的人使用巅峰故事模型作为一种生活哲学、一种生活指南。

人们常常回望自己的生活，并品味细节，在现象学中，这叫通过主观生活经历研究自己的大脑。正如文艺复兴时期的著名艺术家米开朗琪罗在 80 多岁时所说："我仍在学习。"

🎤 接近巅峰

我们的大脑是这个星球上最强大的处理器。就像为汽车增加传动比那样，如果我们能用正确的工具开发它，那么它便能帮我们获得最大的"牵引力和马力"。当你用故事徽章展开自己的过去、当下以及可能的未来时，你会发现自己拥有了生活的力量和附着力，你的故事也会更站得住脚。

这一切都来自从细节到整体的自我研究。

想一想你所做的决定，它们是如何带领你过上快乐的、充实的、有意义的生活的。别忘了，有意义的人生才是最值得过的人生。而且很多研究都表明，每个人都想过有意义的人生。

在那些嗅到超我气息的日子里，请你想想，没有按时起床和正常起床的日子之间的区别是：那天，你参加了孩子的毕业典礼或者某个结婚典礼；那天，你在一个专业园丁的协助下，在自己的院子里搞了一个小设计；那天，你去见了某个人，你们一起骑车旅行；那天，你和一个很久没见的朋友一起吃了个早餐……任何赋予你目标的东西都与意义有关。

这样的生活是否感觉更美好？是仅仅用巅峰故事模型做更好的自我介绍，还是进一步将其作为一种生活哲学，这就是它们的区别。

这种方法会给你信心，让你整体上感觉更积极。这是你从相信自己的故事中找到的自信。"自信"（confidence）这个词来自拉丁语"confidere"，它的意思是"完全信任"。

你相信自己的故事，你的故事也会更快地完全信任你。被信任的感觉很好，你的故事会让你超越故事本身，让你创造出更有意义的关系。

✒ 强调积极的部分

巅峰故事模型不仅可以教你如何开垦积极的生活内容，它本身也在积极地鼓励你。每个人都有负面的生活内容，但即使有些生活内容是负面的，你也可以通过巅峰故事模型重新定义它。巅峰故事模型能教我们如何用积极的态度看待自己的生活。

这也叫"成长型思维"，斯坦福大学心理学教授卡罗尔·德韦克在她的《终身成长》一书中提到了这一点。"成长型思维"意味着即使事情不完美，但如果你用正确的方式表达消极的一面，那么你也能从中学到东西。

🎤 积极率

让我们认识一下"积极率",这是心理学家芭芭拉·弗雷德里克森研究过的课题。

弗雷德里克森是通过询问算出积极率的:如果生活中有一些消极的东西,那你需要多少积极的东西才能让二者的总和为零?她算出的积极率的临界比是3比1。

也就是说,不管消极的事情是什么,我们都需要做3件积极的事来平衡1件消极的事的影响。在家庭事务中,这个比率可能是5比1。在意大利家庭或者我成长的葡萄牙家庭,这个比率可能高达7比1。

这个比率是繁荣与衰退谁将最终占上风的关键。当你处于困境时,你是否能够再次振作起来,这取决于你周围有更多积极因素还是更多消极因素。

🎤 保持积极

想象你是某个组织或团体中的领导者角色,如果你一遍又一遍地重复自己的故事，那么你是否能给自己所在的环境，比如舞台、房间、会议、视频电话注入积极元素？你是否能为周边的人与空间提供积极的语言和内容？这些积极的因素是否抵消了一些可能的消极因素，或者一些随机的非积极事件？

这就是我们应该如何用个人巅峰故事改变整个场域的氛围，从而帮助整个组织或团体。

在一个小组中，不管这个小组是财务规划小组、音频技术小组还是金融科技小组，当其中几个人开始实践巅峰故事模型时，我发现，不仅讲故事的人找到了更自由的感觉，整个小组内的交流也开始变得更积极了。

为了抵御消极因素，人们开始以各种不同的方式引用故事。他们开始了解彼此做出的贡献，并且明白每个人都有不同的能力。他们开始懂得彼此的故事。他们是怎么懂的？因为他们理解了别人的能力和动机。当团队之间的人互相理解之后，评判变少了，团队成员自然而然地开始更加欣赏彼此。他们知道对方的风度来自对方的英雄的蓝点时刻，来自对方和他们在一起时的协作的蓝点时刻,来自对方与所处角色相匹配时的超我的蓝点时刻。讲述巅峰故事改变了氛围或文化,这不是很酷吗?

你不一定非要用守旧的企业群体思维模式管理员工,当人们了解了自己的故事,并且了解了别人的故事后,他们就可以一起改变有关工作的故事。现在,故事很重要。

巅峰故事模型是一个可以帮人们实现影响力的方法论。当你的故事传播到其他人那里,文化氛围就会发生改变。这是一种从某个个体开始的群体性轰鸣声,当每个人都这样做时,浪潮就会形成。每个人的故事都很重要,每个人都能驾驭浪潮。

这是特别积极的一件事。

🎤 团体动力学

每个人都能在自己的巅峰故事中找到 3 种时刻的痕迹,当然,他们也能在别人的故事中听到类似的证据。当听懂了一个又一个团队成员的故事后,整个团队就拥有了积极的迹象。也就是说,因为他们知道彼此的故事,所以他们能武装成一个强有力的团队。

这就像公司经常给员工安排团建活动一样，交换故事不仅能创造集体信心，这通常也能为团队创造更多的适应性和弹性。我们会为了生存而选择适应环境，但是作为一个团体，我们更需要集体合作、集体繁荣，难道不是这样吗？

同事介绍我认识了斯蒂芬妮·科尔布里，她说自己所在的学习小组自学了灵活应变，这样他们的团队就可以解决任何问题。如果香农能让艾比更强大，艾比又能让艾丽克丝更强大，那么她们所在的团队不就能因此更加灵活地应变吗？他们的力量源自他们的故事，他们的故事又与他们的工作方式相匹配。团队力量就是这样开始建立起来的。

🎤 讲出你的故事

这一切的关键就是讲出你的故事。我们不能仅仅在脑海中进行自我叙述，它必须从某个人嘴里说出来，说出来才能引发彼此间的对话。不管是在演讲的开场,做自我介绍时,或者在其他特别的时刻,当你能用不同的节奏来讲述自己的故事时,你便能在不同的场合感到和谐与共鸣。你感觉到了自己的力量和信心,人们会发觉这一点。然后,你会得到更多的机会。

祝贺你,你已经学会了这门哲学,并把它应用到了生活中。它将带你走遍世界,讲述你与他人的关系,讲述你自己的积极价值观。

你会发现自己变得更善于理解他人,他人也变得更善于理解你。每个人都想知道,"那个会计组的约翰到底是谁",或者"新来的那个谁,听说他来自竞争对手公司"。当你有勇气讲述自己的故事时,你通过自己的巅峰故事展现的坦诚就能开始为你创造关系。这甚至不需要太多的勇气,因为你讲的是事实,不是人们通常讲的那种让人入睡的故事。

它让我们在工作中建立起了紧密的关系,它弥补了现实世界过度联系但关系深度不足的缺点。

🎤 创造对话机会

你的故事可能会得到反馈。

我倾向于在讲故事的时候问听众一些棘手的问题,这能更好地吸引他们参与到我的故事中。我可能会说:"我小时候经常玩小轮越野车。你们也玩吗?"不管有多少人,你都可以用这种挑衅性的方式来开启一场对话。但我们必须在尊重的前提下挑起他们的兴趣,吸引他们参与进来,毕竟我们生活在一个每个人都期待获得参与感的世界里。

说起表示"对话"的"Dialogue"这个英文单词,"dia"的意思是"通过你的嘴唇","logos"的意思是"有意义"。因此当你参与对话时,你不仅在讲述自己的故事,你也在让它在关系中变得有意义。

如果你不让他们参与到你的故事中来,那么他们的注意力就会被他们的电子设备或者其他事物占据。人们的注意力会随着时间的推移持续下降,这就是为什么当你有机会展示自己的身份时,正确把握时机讲述巅峰故事非常重要。

当你面对不同的观众讲述巅峰故事时，请始终保持相同要素之间的联系，这会让人们认为故事里的你这个角色具有稳定而连续的特征。电影场景从一个切换到另一个，但里面的人物角色却是稳定的。就像了解电影里的某个角色那样，人们开始了解你。在故事里，你可以给观众展示自己的各种优势技能或特质，但它们都应该给观众留下一种似曾相识的印象。

🎤 打磨齿轮

如果故事里的"噼啪"（不匹配）多过了"咔嗒"（匹配），那么你该怎么办？例如，故事里的一切都表明你应该是一个照料者角色，而且你只有在扮演这个角色的时候才感觉更好、更充实、对自己更满意，但你现在却是一个工作忙碌的会计。你可能不会满意这样的生活，因为故事的齿轮和工作场景的齿轮没有咬合。

如果是这样，那么这时候你可以考虑换个角色。

但你也可以先试着做一些调整或校准。例如，检查一下是否所有的事情都在正确的轨道上。现在我们需要采用自我探索的思维方式。

回顾一下自己的巅峰故事，它既是你的锚，也是你的指南针。或许你会想："好吧，我是一个会计，但会计也可以扮演照料者角色。现在我可以发挥我的组织能力来做点事：过去我是一个照料者，现在我却不是，或许因为现在的我有点过度使用自己的理性分析的能力，而没有好好发挥自己作为照料者的能力。因此，我可以调整一下，多使用照料者的能力。例如，我可以为那些单亲家庭提供哪些免费的专业服务？除了他们，还有没有其他类似的群体需要我的专业服务，这样我不就可以更多地发挥我作为照料者的能力了吗？"如果你能这样想的话，那么请你关上门开始练习吧，看来你已经找到了校准的角度。

然后，请记得记录你的校准过程。

这时，你便能看到自己是如何发展，如何书写了关于未来的新篇章，以及你是如何开发了一种属于自己的创造性的叙事方式：在不放弃当前的角色的情况下，成为自己喜欢的照料者角色。因为你生活在现实世界中，所以你不妨在现实世界中实践一下这一点。你或许会发现自己非常喜欢这个计划，如果你真的喜欢它，并且你在调研的时候发现它刚好是政府资助的福利项目，那么你的下一步可能是创建一个非营利组织。你这么做不是为了挣更多的钱，你这么做只是为了建立一个非营利组织，以便将你的专业能力和照料者能力结合起来。你现在是自己的作者，你正在练习用巅峰故事模型来调整自己的生活。

🎤 现实世界

确切地说，你是谁、你生活在哪个阶段、你的生存现状如何，这些因素共同决定着你该如何调整自己的故事，以及你该如何让故事的齿轮更好地咬合。不是每个人都能换工作或进行无偿工作，毕竟我们生活在一个处处需要金钱的世界，很多人得先赚钱养活自己。但是，现实中的自己与内心的自己的一致性也很重要。

这中间有一些两难之选需要我们进行探索。

如果现实中的你与内心的你不一致，那么你会为此付出代价。如果每一天、每一小时、每一分钟，你都在痛苦地想"我不要在这里"，那么这会让你失去幸福感和满足感，你便与每个人都渴望过上的有意义的生活渐行渐远。

回顾你的巅峰故事，你是怎么决定去这里或者那里的？你能重新洗牌来改变你今天或明天的样子吗？你能创造出给自己提供能量的东西吗？这些能量可以帮你到达另一种境界吗？

当时机成熟时，尝试做一下改变。你准备好了，因为你已经做了所有的准备工作。垂钓者会说："我已经选好了地方，准备好了诱饵，让我们开始钓鱼吧。"哈，我们也准备好了，让我们开始讲故事吧。

你目前的生活状态决定了你是否到了改变的时机，而且一旦开始改变，你就不要反悔，你更不要害怕挖掘自己的创造力。因为这样做能帮你过上更美好的生活。

✒ 创造性

心理学家罗洛·梅把这种勇气称为"一种天然风险"。在人生旅途的某个时刻,我们需要挖掘自己的创造力来应对焦虑。

如果你的巅峰故事没有"咔嗒"(匹配),那就发挥一点创造力。就像探究力和领导力一样,创造力是一种普遍的能力。你可以通过相关的脑力肌肉来讲述你内心所想的故事。如果你需要影响力,但你发现自己以前从没有使用过领导力,那么你就去想办法做到这一点;如果你意识到自己很少与人合作,那么你就去创造更多合作的时机。不要想得太复杂,你或许只需要抓住自己和别人一起做晚饭的机会,或自己和别人一起购物的机会。

想保持创造性,答案或许并不是那么显而易见。但至少现在你知道自己想要什么、自己能实现什么,以及这两件事是如何与你的故事脉络相连的。无论你会在自己的巅峰故事中添加些什么,这都是有意义的,因为它都将与已经存在的内容保持一致。它们属于同一个故事。

🖊 需要的能力

如果你的故事情节是一致的,那么主题和主线会使你意识到自己需要关注哪些能力。主题和主线有助于我们进行检查和校准。"哇,这就是我需要调整的地方。"例如,你发现自己在很多蓝点时刻担任的是照料者这一主题角色,但同时你也是一个会计。这两个看似对立的元素如何才能协调一致呢?相信我,谁都能把它们协调到一起。我们总是先看到故事,但我们在看到故事时也会产生一定的感觉。这一技能属于后面的整合部分。我曾经有一个客户,她本科学的是金融学,后来她去了哥伦比亚大学攻读工商管理学硕士,但她同时是一名艺术家。我稍后会告诉你,她是如何将这两部分结合起来的,这属于下一章的内容。不过,我向你保证她确实做到了这一点。

如果你需要提升自己的领导力,那么你可以参加领导力方面的培训课程,你不一定非得回学校攻读相关学位。说不定你会碰到一个你想跟着他学习的导师,或者你会买到某本相关书籍。你需要提升哪方面的领导力？什么样的领导力才能帮你架起当下与未来之间的桥梁，让你快速行动起来，以便整理自己的巅峰故事？

不要把事情搞得太复杂，不要强行塞要素到故事徽章里。记住下面 8 种能力：

- 领导力
- 感受力
- 适应力
- 鉴赏力
- 沟通力
- 组织力
- 探索力
- 创造力

有这 8 种能力就够了，这是日常行为需要的基础能力。例如，当我写这本书的时候，我需要使用沟通力和鉴别力，因为我需要字斟句酌。同时我也需要些许的领导力，以确保我尊重了自己所知道的知识。有时候我也需要有感受力，从而闭上嘴，冷静下来。在需要的时候，我可能还需要有适应力。

我们需要不断地用这8种能力来进行定位和校准自己。

这8种能力能帮你分析你在生活中做出的选择。用它们来问自己:"我的故事是否符合我想要的生活方式?"答案不能是简单的"是"或"不是",你需要弄明白这个答案背后的原因,这样你就会明白,如果你想改变,那么你应该如何改变。

🎤 焦点观察

假设你收到了一份录用通知,这需要你离开某一份特定的工作,或者搬到另一个城市。回头看看你的蓝点时刻,放大其中一个,在这个蓝点时刻,你看到什么特别的东西了吗?它们与自己要做的决定有联系吗?

在现象学里,只看这个蓝点时刻而不是整个故事的做法叫"焦点观察法"。焦点观察意味着把情绪以及所有的其他东西放在一边,独立地观察某一个事物。

你发现了什么？你有没有忘记描述什么能力？你有没有观察周围的物理空间？或许这个蓝点时刻发生在今年的某个时候，并且它发生在户外。在这件事之前有什么事情发生吗？这件事之后呢？

记住，那个时刻会自己显露出来的。我们生活中每一件事的发生都有前兆，事后它们也会留下慢慢消失的痕迹。事情在发生前总要有渐入事件，然后才是事件主体本身，最后是慢慢偏离这个事件。这就是我们讲述某个时刻的方式：首先是引入，然后是事件主体，最后是退出。

每件事都伴随着开幕和落幕的音乐。

当你把这个时刻单独划出来，你是否发现了地点的力量？那么人物呢？故事中的人物与你的互动方式是否与你想象中有所不同，是不是某个人比其他人更重要？为什么会是这样呢？这凸显了你的什么能力？你更像是一个探险家还是一个沉思者？你感受到最后期限的压力了吗？在这种压力下，你是尝试逃避现实，还是选择埋头苦干？

这一切全都是关于分析你"当时"感觉的问题。

回到那一刻。如果你停留在那里，比如说 8 分钟，那么你会看到什么？8 分钟感觉很长，但相对你生命的长度而言，这 8 分钟其实很短。当你回到自己的故事中时，你是否发现了更多内容和信息？

如果你对每一个蓝点时刻都这么做，那么你也许就可以为自己的巅峰故事增添更多的一致性，并且对它有更进一步的理解。如果你在做重大决定之前都这么做，那么它会帮你弄清自己的决定：是否搬家、是否接受一份工作、是否去一所新学校、是否升职、是否养狗……

这种做法特别像你在学习时的做法。你越是反复回顾某些事物，你就越能发现其中的细微差别。

检查故事

在这个练习里,你要做的是检查故事。

你已经做了很多练习,你也进行了很多解释。这一次,你要检查自己的故事。

请把你的生活故事与塞利格曼描述的幸福生活相匹配。检查的关键是记住你要过一种有目的、有意义的生活,也就是你要做出贡献,并获得价值感。

快乐的生活是没有完全投入,且生活质量有点参差不齐的生活;充实的生活就是大部分时间都很忙碌的生活;有意义的生活是指几乎在所有时候,生活、工作以及工作以外的活动都与自己真正想做的事情一致。

每个种类的狗和马都有自己特殊的用途。例如,狗分看门狗和牧羊犬,马分绕桶类赛马和跨栏类赛马。你觉得自己是哪一类?你是一匹被闲置的马吗?这感觉很快乐，但并没有让人充实吗？或者你是小朋友们爱骑的小马驹？或者你是一匹赛马，你用自己的天赋、力量和速度赢得了比赛，但你的主要动机是从奔跑中获得喜悦，而不仅仅是为了赢得比赛？

你的故事和生活属于哪一种？你能提供哪些证据？你还能做哪些改善？请将这些内容记录下来。

自我创作的本质是改善自己的处境。你要反复回顾、检查并匹配你创建的巅峰故事，弄清楚它们属于哪一个层次，它是快乐的生活，还是充实的生活，抑或是有意义的生活？

看看你的故事要把你带到哪里去？你现在又处在故事里的哪个层次？你目前的位置与目的地的距离是其中的变量。

那么，如何在不鲁莽的情况下缩小距离这个变量呢？我想给你创造一个稳定且有目标的场域。稳定且有目标的感觉会让你每天早上醒来的时候充满正能量。如果你是某公司的人力资源专员，但你想去一所高中当老师，请你先检查你对自己生活的沉浸程度，如果程度有点低，那么请你记住，不同技能可以交叉使用。你可能需要换工作，你也可能需要搬去另一个社区，你甚至可能需要和别人共用一辆车。有时这与钱有关，有时这压根儿与钱无关。

这可能不仅仅与薪水的多少有关，这可能还与很多细节有关，比如着装、度假机会、与家人见面的次数、是否有同行，或者是否需要远程工作。记住，金钱的量和意义的量之间存在着一种张力，当它涉及二者的动态平衡以及如何达到超我的蓝点时刻时，你是唯一一个决定这个过程如何展开的人。

与其说这是生活的转变，不如说这是生活的改革。

我并不是要评判你想要达到的目标或你想要去的地方，我只是鼓励你研究自己的人生故事的3个层次，理解它们的细微差别，并为这些差别找到证据，为生活中的决定奠定基础。

第 9 章

讲述故事

跟着别人的脚印,怎么可能找到自己的梦想?

——彼得·布洛克

尽管巅峰故事能让你在高风险时刻表现出你的积极价值，但是请不要直接从高风险时刻开始练习讲故事。这就像刚学会开车的人是不能上高速一样，他得先去普通路段练一练。讲故事也是类似的道理，你要先从低风险时刻开始练习，然后逐步上升至高风险时刻。

🎤 低风险时刻

请尽量选择在低风险时刻尝试第一次讲故事，就算讲得不太好也无妨。低风险区相当于儿童泳区，毕竟在浅水区学习游泳是不太可能溺水的。或者，这就像你和你侄子在院子里练习踢足球，你们应该也不太会介意对方有没有犯规。

即便这样，你还是要尽量做到最好，你不能把浅水区当成一种逃避策略。低风险并不代表可以不努力准备，最终你还是要完成讲述故事时所需要的各种方法、结构以及表演练习。

做好准备工作。你已经多次排练自己的故事，并且反复听过自己的录音。每当你把那些蓝点时刻融入故事中时，这些故事都会有细微的差别，而这些差别则代表进化。

如果故事只有3分钟，录5遍一共也才15分钟，花这点时间真的不算多。

倾听自己内心的声音。你会发现自己的故事确实很有趣。你发现并整合了所有这些时刻，任何人都愿意听这样一个丰富有趣的故事。

这样一来，你去现场讲故事的时候就会更自信。你的故事是一个关于你的完整作品，故事展现的是你真实的面貌。这是你了解自己的方式，这也是你认为别人该如何看待你的方式。因为你最了解自己的故事，故事从你这里出发，然后传播出去。只有当你相信自己的故事，听众才能相信你。当你在现场分享自己的故事时，这会更明显。

即便你只是在低风险时刻讲了自己的故事，如果有人向你的听众打听你的故事"听起来如何"，那么你的听众的回答也将十分积极、十分有意义。他们可能会说，"他很了解自己的生活"，"他真是一个很有两下子的人"，"他对未来有清晰的规划"。

🎤 新手上船

第一次讲故事的机会无处不在。它可能是在咖啡馆、机场和火车上，它也可能是在某次正式的视频会议之前，你和同事提前上线，另一个人问："最近怎么样？"这就是一个对话邀请。其实他的意思是，"说说你吧"。你得知道如何开启自己的故事。你可千万别这样说，"让我给你讲一个我生活中的故事"，或者"让我给你讲个故事吧"，这样的开头会让人昏昏欲睡的。

就像上高速前需要先上匝道一样，我们也需要为自己的故事找一个匝道。比如，"你知道吧，最近有件事很有趣。前几天，我在想……"然后，你才可以直奔主题故事。

我前面讲过一个海军军官最终成为理财顾问的故事，现在让我们回顾一下这个故事。比如他就可以这样开头："这挺有趣的。我是一名理财顾问，我从未想过自己在14岁时坐火车的经历是我探索世界的开端，那时我是鼓足了勇气才敢乘火车从奥尔巴尼到纽约的……"

或者你可以这样引入自己的故事："今天我是骑自行车来的，你们知道吗？其实我这辈子都在骑车……"接下来你就可以自然而然地衔接你的主题故事了。

在这么做之前，你要像耐克的广告语"只管去做"那样，不要左顾右盼。在这么做的时候，你要像苹果的广告语"不同凡响"那样，你要想办法让自己的故事以不同于所有人的方式传播出去。

🎤 评估自己的表演

讲完故事，请你回忆一下，当时你讲得怎么样？有什么感觉？看到听众的肢体动作和面部表情了吗？他们表现出好奇了吗？节奏把控得如何？讲得太快了吗？是否给了听众发起对话的机会？

如果我告诉自己的侄子，"我终于又买了一辆小轮越野车"，那么他可能会说，"我已经5年没有玩小轮越野车了"。类似这样，你就可以接着回应这个话题，虽然这并不属于你的巅峰故事内容，但作为人类，我们需要对听众提出的事情有所回应。这些对话通常就是我们所说的驶入高速公路（你的故事）的匝道。

这就是讲述故事的完整表演：上匝道，讲述故事，下匝道。

🎤 中风险时刻

虽然此时你已经练习过在低风险时刻讲故事，但任务还没有完成。不过,你已经准备好在中风险时刻讲故事了。从低风险到高风险是一个持续的过程。在中风险时刻,你需要寻找机会将故事植入当时的情境。此时,故事听起来很不错,它也开始承载越来越多的重量。

在这个持续的过程中,你会发现,在中风险时刻分享故事的感觉很美好。我曾经辅导过一个有艺术背景的人,在我们的通话中,她说:"你知道吗?我正在用这种方法向我读工商管理学硕士的同学们介绍我自己。我从未想过艺术和金融可以这样联系起来,我迫不及待地想和同学们分享这些发现。毕竟,我要和他们在一起待两年,让他们了解完整的我还是很有必要的。"

人们通常不知道如何把艺术与工商管理学课程联系在一起,但我的学生发现了它们的连接点,并给她的同学们讲述了她的故事。她这种情况就属于中风险时刻。

虽然她的自我介绍不是为了某次工作面试,但她毕竟要和那些在哥伦比亚大学读工商管理学硕士的同学在一起学习两年。如果一开始就搞砸了"我是谁"的故事,那么以后怕是没人愿意和她共事。她的同学不会看到她的天赋和优势，让人感到更糟的是，他们还可能会对她有所误解。例如，他们或许会认为她只是偏安静的理财型人才，毕竟他们不知道她还有艺术家的一面。如果等到课程结束时才让同学们了解完整的她，那么她就失去了一个机会，她就失去了用自己的故事对这段关系产生积极影响的机会。

🎤 协调关系

在中风险时刻，你还可以用巅峰故事来协调关系。从低风险上升到中风险，这通常意味着听众是地位相似的同事或同龄人，而不是"我要接管公司"的高管演讲。例如，如果你正在将这本书作为大学项目或公司新方案的一部分，那么此时的你或许就有一个与项目中的其他人分享你的故事的机会。

这样的好处就是，在你用巅峰故事和项目中的其他同事协调关系的同时，其他同事也在用同样的方法协调他们跟你的关系。你们就在彼此的对面，因此这种协调是相互的，你会因此理解"她是谁""他是谁"，以及"他们是谁"。

交换通常是有条件的。在交换信息的过程中，人们会渐渐公布更多关于自己的信息。你们的关系开始有一点变化，也许是因为你感觉很不错，也许是因为你发现了彼此间的共性。例如，有人说起户外或野营生活，有人聊起海边的生活，也有人说他自己是一个有点超重或有别的什么的问题的年轻人，他有一条叫"教练"的狗，在他感到被孤立的时候，那条狗陪伴了他……随着交流的深入，你们开始朝着协作的蓝点时刻前进，最后到达了巅峰故事金字塔的顶峰——超我的蓝点时刻。

分享自己的信息是很有必要的。当我们让自己变得更脆弱时，大多数人仍旧会在这时看见我们，他们也会因此愿意展示自己的脆弱。人际关系就是这样建立的。

🎤 赢得支持者

现在人们已经了解你了，当你在生活中实践这种哲学信念，当你的行为举止与自己的故事一致时，人们也会调节自己来尊重你想要的工作方式、你想要做的事，以及你想要的生活。人们不会对你所做的事感到意外，听过你故事的人还会帮你解释："她就是这样的人。她总是那么善于运用她的创造力和探索力。"他们还可能会说："那家伙是科技领域的创新者。他一直在解决公司的技术问题，而且他从小就这样。在他读高中时，他在他叔叔的电信公司就是这么干的。那家伙太聪明了！"

很显然，但凡知晓你故事的人就会成为你的支持者。

🎤 高风险时刻

一旦你掌握了在低风险和中等风险时刻讲述巅峰故事的技巧，你就为大联盟做好了准备。此时，你已经习惯了讲述和展示自己的故事。

你讲故事的次数越多，你得到的反馈就越多，后续你也就能越来越熟练地调整自己的故事。

当你在不同的环境中讲故事时，你不仅要明确讲故事的意图,还要分析目标受众和周围的一切。

• 听众是哪一类人?他们有什么技能?他们是谁?地位如何?他们可能是什么样的人?

• 讲故事时的情境是什么?它发生在什么时间,什么地点?

我该怎么讲这个故事呢?我对此感到兴奋吗?是否需要来个搞笑的开头?比如你可以这样开头:"每当我仰望天空的时候,我都会想起一位当飞行员的朋友,他和我一起上过罗切斯特大学,当时的我就像一个科学怪人……"接下来我会怎样继续讲述这个科学怪人的故事呢?我需要一张地图,我要先弄清楚怎么达到那里。

在很多时候,或许接下来的故事很容易讲:"当我在罗切斯特大学读本科的时候,有一天,我在想自己是怎么从一个酷酷的小轮越野车手变成这样一个科学怪人的,这二者实在相去甚远。这很奇怪,因为我曾经是一名在美国东北部地区频繁参加比赛的小轮越野车手。回顾过去,我发现正是这样的经历成就了现在的我,我现在是一位非常有创新精神的教授。不管是在过去作为一名比赛型车手，还是在现在作为一位教授，我那探索和开拓的天性一直都在，现在的我只是在原来天性的基础上多了一点点创造力，我不再是为自己在竞争中赢得胜利，我开始教别人如何赢得听众、赢得胜利。也就是说，我在帮人们表达自己、展示自己。不可否认，如果没有巅峰故事，那么听众可能会误解讲故事的人，或者无法看到讲故事的人的全部价值。"

让人感到欣慰的一点是，当听众逐渐开始了解你，他们也会开始对你更加坦诚。讲故事的时候，你一定要弄清楚自己想展现什么样的才能，这样听众才能调到你的频道，跟随你的故事。你要在开始讲故事之前弄清楚这些，因为你知道你的听众是哪类人，你知道他们更喜欢你哪个版本的巅峰故事。

社交暗示

留意社交暗示。此时，你不再需要专注于搜索自己要分享的生活经历，因为你已经试过巅峰故事模型了。现在的你非常了解自己的故事，你只是需要留意相关的社交暗示，按需求调整巅峰故事的内容，然后将其讲出来。保持故事的真实性，不要翻修它，不要故意避开某个部分，也不要胡编乱造，你只需要为不同的观众调整或定制相应的版本。

你正在成为一名优秀的老师、一位好的聆听者。

你家中养了几只澳大利亚牧羊犬，但对方对猫狗过敏。这时候，你该怎么办呢？

如果你像大多数人一样，你跟对方说自己生活中的某个人也对猫狗过敏，那么这就不能算是有效的回应。有效的回应需要维持在原有故事的情节里。当然，你也可以这样说："嗯，我也不太喜欢我的狗。"但这样说会显得很奇怪，毕竟你可是有3只狗啊！因此，你可以缩减情节。在不否认狗很重要这一事实的情况下，也许你可以这样说："我喜欢我的狗，其中一个原因是它们真的很聪明。当有人来我家做客，如果客人对狗过敏，或者他们因为其他原因而不能和狗待在一起，那么我只需要对我的狗说'木箱',我的狗就会上楼并钻进它那个木箱做的狗窝里,它真的很乖,你甚至都察觉不到我家里有狗。我需要让你知道,如果我想保护你不受这种过敏的影响,那么我只需要一只聪明的狗,是哪个品种的狗倒是无所谓。"

你之所以能保持自己的故事的原有情节,是因为你有开放的思维,并且你的创造力和适应力也开始发挥作用。你不仅察觉到了所有的线索,也看清楚了自己的故事。

你是自己故事的老师,老师的工作是吸引观众。要做到这一点,故事就要有创造性和适应性,我称之为"情境讲述法",因为我们是在特定的时刻以及特定的环境下讲述故事的。

开放思维

假如你有一个关于开放思维的调节器,请把它调到10,也就是调到完全开放的心态,这样你就能完全了解当时的人物、地点和氛围。注意观察你讲故事时的周边环境。你要观察听众的肢体动作、眼神交流,以及任何皱眉或困惑的表情。你还要观察物理空间,现在请扫描整个区域,有没有什么物品表明这是一个成功的生产者?这里的人是否以得到回报为荣?你是否看到了照料者或慈善家的迹象?你是否在他支持慈善事业的行为中看到了人道主义的迹象?多浏览商业资料,多翻阅社交媒体上的帖子,这样你就能向身边的人表达敬意,从而讲述他们更有可能关注的故事。

你的思维越开放,你分析细节和整合细节的能力就越强,你和听众的对话交流也就应运而生。你会感觉到自己与听众的联系愈发紧密,故事的情节也会以一种愉快的方式有序展开。这样讲故事更像是一次偶然的邂逅,而不是赤裸裸的交易。

更多的对话交流不仅会让你跟听众产生共鸣,你的文化意识和情境意识也会随之提高。也就是说,现在的你更了解这个工作场所的文化氛围了,或者听众更了解你的工作背景了,并且更了解你们想合作的项目了……你们更了解对方了,这很好。更好的一点是你能切实地感觉到这种理解，这才是重点。

即使讲述自己的故事是为了彰显自己的价值，但最终你也会顺便了解别人。一来，了解彼此是为了方便你调整自己故事的展开方式或内容。二来，这样这段关系会显得更轻松，听众也能带着有价值的信息离开。了解彼此还能帮我们更快地建立信任感，学校项目、社会工作或类似的事情都需要这种信任和了解。

你要对信息和环境持开放态度，这样你才能根据具体情况整合故事。准备好对话，并且在适当的时机停顿一下。讲述巅峰故事最吸引人的特点之一就是，你能与真实的自己有更多联系。但你要明白，除了彰显自己的价值，你也变得更了解对方了，因为这一切都发生得太自然而然了。

🎤 调整故事

你越是这样想，你讲故事时就会显得越自然。另外，重复讲述故事的次数越多，你就越愿意迅速适应那些迎面而来的新信息。例如，你开始以某种方式讲自己的故事，但在你讲的时候，对方突然插话，说了一些关于他们自己的事情。或者，餐桌上刚好发生了什么事情打断了你的讲述。尽管被打断，但你完全可以即时调整自己的故事，比如放慢节奏或者加快节奏。因为你了解自己的故事，你了解自己的蓝点时刻……故事是你自己的。

让我们再次回到海军军官如何成为理财顾问的故事。有一次，他正要和一个潜在客户谈生意，他当时还不知道这个客户也曾经在海军陆战队服过役。这位客户先发制人："关于投资，我不喜欢闲聊。"

在这种情况下，讲故事的人可能需要把故事的蓝点时刻弄得平淡些，或者弄得虚张声势些。这就像写作文的时候一样。想想你在学校的时候做的那些写信练习，你必须给校长、总统、参议员和政府官员写信。你写的每封信都不一样，因为每封信都有不同的读者。关键是要知道哪些地方需要淡化、哪些地方需要修饰。这就是调整故事的精髓。

如果对方是海军陆战队队员或者是工程师，那么你就会发现这些人更喜欢理性分析。比起艺术型人群,他们话很少,不喜欢累赘繁琐的语言风格。因此你不要和对方过度交流。这时候讲故事的人就可以说:"是这样的,内在的我是个安全员。我喜欢做理性分析。我的风险评估的能力始于一次和我父亲的火车旅行。至少,我的非正式培训就是那样开始的。"此时,那个客户头一歪,表现出了好奇。讲故事的人赶紧抓住机会上岸,讲出了关于他自己的完整故事。他通过观察和倾听前海军陆战队队员的信息,克服了最初的障碍,审慎而聪明地开始讲他的故事,这引起了对方的兴趣,于是那个客户说:"我对你很满意。"

警示的故事

当你按照巅峰故事模型讲故事时,切勿急于求成,否则你会得不偿失。

我有一个朋友叫彼得,他的家族经营着一家有150余年历史的制造类企业。彼得热衷于讲故事,有一天我们在谈论马斯洛的需求层次理论时,他说道:"丹博士,这个需求层次理论貌似有点本末倒置。人们往往都只想做满足高层次需求的事,不愿做满足低层次需求的事。"

巅峰故事示意图也是有层次的,千万不要省略英雄故事或协作故事,只讲超我故事。就像彼得抱怨的内容一样,人们可能会说,"我真的很想写这本书",或者"我真的很想经营这家公司"。但这样的说法没有依据、没有基础。他们的金字塔中缺失了英雄故事和协作故事,而这两种故事会表明他们能克服障碍,人们会因为相信他们有价值而与之合作,人们会相信他们有资格成为下一个领导者、团队成员或其他任何角色。

不要跳过低层次的需求或故事。对自己的故事保持期待,不要仅仅因为自己喜欢高层次的需求或故事,就兴奋地删除其他数据。因为听众需要这些信息来证实你一直在坚守初心,一直在进步。低层次的需求或故事提供的信息至关重要。

也有另外一种情况。人们有时会夸大他们的英雄故事。整个故事便跟着英雄故事跑偏了。检查一下自己的故事。看看你分解了多少个故事。不要像足球运动员或篮球运动员一样，一次又一次地在原地运球。某个时候，你需要继续往下延伸故事，而不是在一个地方过度消耗精力。

看看自己的巅峰故事，相对其他部分，你是否过度开发了某个部分。一定要时常检查这一点。

🎤 被揍的故事

我有一个学生，他是一位公关总监。有一天他打来电话，我问他最近怎么样。他说："博士，一切都好。只是我的鼻子挨了一拳。"我说："你被揍了？"他说："是的。其实不是鼻子。是胸口。"

当时，他正跟一群足球运动员和摔跤手讨论工作，其中一个人却在谈论自己的某段感情。这时，我的学生提醒他道："你得注意一下言行，别在这个场合转移话题。"这个身材魁梧的家伙曾经是个摔跤手，他怒气冲冲地说道："你是谁啊？谁给你这样说话的权利？你有什么资格来说我们?""你什么意思,你说我是谁?"我的学生一跃而起。他和那个家伙差不多,也是个很强硬的人。

作为一名公关领域的领导,我的学生总是彬彬有礼,但那一刻他被激怒了。"我是谁?我刚刚收到了这家伙的邮件……"他给那个摔跤手看了一封重要媒体人物的邮件。

然后摔跤手耸了耸肩,好像在说:"这家伙是谁,居然教育别人应该如何谈论感情?"

结果就是我的学生被打翻在地。他把自己的故事忘在了自己的口袋里,偏离了正轨。拿起手机是错误的举动,正确的做法是"拿起"(继续讲)他自己的故事。

我问我的学生:"你当时在想什么?""博士,我当时什么也没想。那一刻我被愤怒支配了。"在这个世界上,想要讲好自己的故事,就要有善于接纳的心。即使在情绪高涨时,也不要偏离轨道。呼气,然后回到自己的故事上。学会接纳能够在很多时候甚至是在有冲突的时候拯救你,它甚至可以帮你躲避拳头。

🎤 给被揍的人示范讲故事

我的这个学生一开始就该讲述他的巅峰故事。他的故事的另一部分是,他年轻的时候有点超重。他应该从这里开始。这个时候那个气势汹汹的摔跤手会说:"你是什么意思?"

如果我是我的那个学生,这时我就会说:"当时我是一个超重的孩子,没有多少朋友,我的狗叫'教练'。想知道它的名字为什么是'教练'吗?"摔跤手会问:"什么意思?为什么?"然后我会说:"因为它在我沮丧、有点胖、身材不好的时候,给了我很多指导。遛狗帮我处理了很多事情,我会一边走一边和它聊天。后来,我就加入了市中心的篮球队,在那里我感觉很自在,我是球队唯一一个白人孩子,与我一起运动的人都有着与我不同的背景。尽管我和他们非常非常不同,但我觉得自己被包容了,他们也觉得他们被包容了。另外,篮球运动还让我瘦了下来。因此我发现,从逆境中获得益处的能力是非常重要的能力。"

我继续说："倾听是一项非常重要的技能。作为这里的公关总监，本着服务每一个人的精神，我的职责是试图建立联系，确保每个人都感觉良好，就像那只狗给人的感觉一样。"听完我的建议后，我的学生深呼一口气，微笑着说，"博士，你说得对。"

我说："我所做的只是把你的部分故事拿出来把玩。你的英雄故事指的是你没有被周边的人接受，因此你在遛狗的时候有点忧郁。你的协作故事就是跟不同背景的人一起打篮球。你的超我故事就是帮助人们清晰地表达他们的观点，加深人们之间的联系。这就是你的巅峰故事的全部内容。你之所以陷入困境，是因为有人打乱了你的节奏。"

从某种意义上讲，任何人都可能被打乱节奏。但别担心，因为我们都不完美。但是你不要像我的学生那样做，不要想着和比你壮两倍的人打架，不然结果就很可能是胸口挨一拳。

✎ 调整过程

如果你在低风险时刻和中风险时刻进行重复练习的次数足够多,那么你就会更敏锐地意识到高风险时刻正在发生的事情,你的巅峰故事就会成为你的第二天性,成为另一个你。

你要明白,讲述巅峰故事没有终点。只要你的生活继续,你就会不自觉地收集新的生活时刻并解释它们。但现在不一样了,你有了巅峰故事这个向导。在这个没有终点的过程中,你还需要再做一些调整工作。至于如何调整,你可以继续使用学过的方法解决。你的核心蓝点时刻可能会随着时间的发展而移动和调整,甚至会被新的蓝点时刻取代。生命过程还在继续,很多蓝点时刻可能会随着时间的推移而改变,甚至它们的优先级也会改变。但是,有改变才说得通。

你的核心故事可以保持不变,但你要考虑如何将核心故事转化为一种强化关系的工具,从而让人们对你保持积极的看法。这就是如何让巅峰故事占据你的核心,如何将它作为工具来浓墨重彩地表达出你是谁、你将成为谁。

✎ 发现别人的故事

现在你已经花了很多时间研究自己到底是谁了,这就像你获得了一个研究自己的博士学位。祝贺你!深刻地了解自己是一件很难得的事情。

那么别人呢?你有多了解他们?你能在他们的故事中发现他们的重要经历吗?

作为人类,通过观察他人来学习是自然而然的事。当我学习巴西柔术时,我的教练总是说:"你能看到对方在做什么吗?"有时候,我会听到我女儿在跟她祖母学习如何用缝纫机缝被子。祖母说:"你看到如何翻转布料了吗?"我女儿说:"哦,看到了。"

有经验的管理者和老师通常会给学生实践机会,让他们学以致用。外科医生在培训过程中往往会遵循这样的顺序:观察,实操,教学。

我"知道"你们都曾经是好学生。你已经知道，英雄故事讲的是关于克服障碍的故事，协作故事讲的不仅仅是归属感，它还包括与他人合作，从而创造一些东西。当你心里想"我很喜欢这个东西"的时候，你就会忘记时间，这就是超我故事带给你的感觉。

好了，现在你已经了解了这些故事类型，请观察身边的人和事，发现并分析他们的故事类型。

🎤 向别人学习

巅峰故事除了能作为我们解释个人故事的参考框架，还能作为我们了解别人故事的参考框架。因此，让我们通过巅峰故事去发现一些别人的故事吧！

在哪里可以找到它们？如果你喜欢舒舒服服地待在家里或办公室里，你可以听 TED 演讲：听演讲者如何介绍自己。或者你可以读一本书。另外，如果你想在骑车的时候听一些故事，那么你可以带一本有声书或下载一两个播客节目。

大卫·戈金斯的自传《你伤害不了我》或许是一个不错的选择。这本书讲述了戈金斯的成长故事，他曾经是美国海豹突击队队员。我曾经一边遛狗一边听这个故事。故事让我陷入了深思，听着听着，我和我的狗都跑起来了。我不禁问自己："后来还会发生什么更糟糕的事情吗？"

　　戈金斯就是这样克服困难的。他总是独自面对生活中的困难，直到他进入海豹突击队，他的协作故事才算完成。他还相继参加了诸如恶水超级马拉松这样的比赛。有一次，他跑马拉松来到内华达州，在这里他本应该走路，但他最终选择了跑完全程。最后，他以 3 小时零 8 分的成绩跑完了全程，并获得了波士顿马拉松的参赛资格。

　　戈金斯可以称得上是障碍免疫的典型案例，他的风格是找到困难，然后消灭它们。如果你想了解他的故事，那就去看他的书吧。另外，你也可以看看我的朋友里奇·罗尔的作品《奔跑的力量》，这也是一本关于跑步的著作。

　　无论你选择哪本书，你都可以尝试找出对他们来说重要的协作故事。另外，你能找出他们的超我故事是从哪里开始的吗？试试看吧！

如果你对超级马拉松运动员不感兴趣，你可以读一读米歇尔·奥巴马的书，你甚至可以看一看杰瑞·塞恩菲尔德的节目，他在自己的节目中采访了其他喜剧演员的人生故事。这是另一个向他人学习的好渠道。

🎤 挑选素材

不论是自传，还是与个人经历有关的书，你都可以将其当作学习的素材。TED 演讲总是高潮不断，但它却不属于巅峰故事，巅峰故事比这更深刻。

你可以回顾一下史蒂夫·乔布斯于 2005 年在斯坦福大学的演讲，或者坐在咖啡馆里听别人聊聊天，尝试让自己成为一个专业的"窃听者"。当然，我的意思不是让你成为一个爱打听八卦的人。

你可能会听到一些熟悉的故事。尽管你无法发现和我们讲的蓝点时刻完全一致的故事，但你能发现有些故事具有英雄的蓝点时刻或协作的蓝点时刻的影子。你并不总是能找到和蓝点时刻一样的故事,这就像是你在晚上看星星,晴天的时候能看到它们,阴天的时候就看不到它们。有时候,你可能需要深思熟虑、集中精力才能发现蓝点时刻的精髓。

你要观察听众的反应。当他们听到英雄故事时,他们看起来是否是这样的,"哇,那个人很坚强、很有能力"?你也要观察讲话的人。他们在讲故事的时候表现得精力充沛吗?他们的语气有变化吗?他们的声音听起来很吸引人吗?他们讲得很投入吗?

当你听人们聊天后,你或许会发现,人们回顾过去的方式很迷人,与此同时,他们也对未来充满期待。但很少有方法能将这两者的美好联系起来。

🎤 别人的蓝点时刻

如果你擅长发现或"窃听"别人的故事,那么你就能听到许多不同类型的蓝点时刻和故事脉络。但你可能也会注意到,人们并没有把这些蓝点时刻联系起来。虽然人们对某个时刻很兴奋，但他们没有把这些时刻和故事的其他部分连接起来，他们没有进入巅峰故事的下一个层次。更糟糕的是，他们还添加了许多解释性的废话。

在大多数时候，你什么也做不了。因为这不是你的蓝点时刻，它是别人的蓝点时刻。你所能做的就是听，试着搁置"连接"别人的蓝点时刻这种想法，试着收集一些好东西，因为你可以在自己的脑海里连接他们的故事。如果你不把自己的蓝点时刻串联起来，那么你可能会面临风险。

你不能讲别人的故事，这一点很让人沮丧。虽然你要坚守好自己的故事，但这并不是你不再听别人故事的理由。例如，你听到某个学生宣布他打算去读法学院，因为他家里有一个当律师的叔叔，他认为自己和他的叔叔遗传了同样的分析能力和沟通能力。但是实际情况往往与人们普遍认为的不同，与做律师有关的能力不仅仅靠家族遗传。

✏️ **指导建议**

此外，当你听别人介绍自己时，你或许会发现他们完全不知道自己要讲什么，他们根本不知道自己想要传达什么信息，并且他们不知道如何以一种合理的方式把自己的故事组合在一起。但你已经掌握了很多讲故事的技巧，也许你知道他们的故事应该是什么样子。也或者，你发现他们的自我介绍里根本就没有故事。

如果对方是你的同事、团队成员或信任你的人，那么你或许可以要求他暂停，并说："或许你知道，你需要考虑如何更好地呈现自己的故事。"但如果他们的职位比你高，那么你就不能这么做了。但在每个人都重要的世界里，不管什么人都需要一些反馈和第二次机会来讲述他们的故事。

下次你听到有人做自我介绍，但他们却搞砸了这个机会时，你可以说："让我告诉你一些可能会在职业上对你有帮助的事情。"然后你就跟他们说说如何梳理故事脉络，如果他们学会了，那么他们在工作中就会更加自如。

🎤 更投入地工作

正如我在本书开头所讨论的那样，人们做自我介绍的方式听起来都差不多，他们呈现的故事往往单调乏味或"让人昏昏欲睡"。那么，我们可以做些什么来解决这个问题呢？在社会组织中，我们需要更快地了解我们的员工，这样他们才能更快地了解彼此，更快地投入到工作中，更好地进行合作……这样一来，组织才更有效率。

生产力就是将生产技能与工作能力相结合。假设你有某种能力，你很适合公司的某个职位，但如果我不了解你，或者你的雇主不了解你，那么他们可能在几年内都不会发现你，他们甚至会一直忽略你。这时，尽管你其实可能更适合做人力资源方面的工作，但是你只能继续做一名有照料者情怀的会计。

一项盖洛普民意调查显示，美国 2/3 的工资都被浪费了，因为人们喜欢在工作中摸鱼。想想看 2/3 的人摸鱼啊！人们假装工作，假装谈论工作，但实际上他们并没有在工作。老板和员工都不知道如何应对这个问题。

🎤 偏离轨道

其实，有些人很早就开始偏离自己的轨道。这些人在年轻的时候也怀疑过自己是否偏离了轨道，但从来没有人指导他们，或者就算有人指导，也是错误的指导。比如你当时想成为一名酷酷的歌曲作家，但你因为没有人支持而放弃了这个梦想。又比如经历过大萧条的好心长辈会跟你说："别选工程学，否则你就永远找不到工作。"尽管学会做决定是一个人未来健康发展的必要条件，但很多人在高中时没有学会这一点。但他们的大学入学论文却是关于怎么做选择、怎么选择职业。然后他们进入大学学习。有些人对自己选择的专业很感兴趣并全身心地投入其中，有些人却无法投入其中，他们花了很长时间才完成大学学业。相对他们的前辈，当今这一代美国人工作的时间更长了，但他们的工作产出却没有更多。

梳理故事脉络可以帮助他们处理这些问题，促使他们反思，从而把他们的兴趣、生活、工作经历联系起来，组成一个强大的整体。

美国当下的环境并不鼓励人们做真实的自己，这对我们谁都不好。我们需要在工作中释放个人身份的魅力，最大限度地提高参与度和幸福感。然后这种参与感和幸福感会从职场生活蔓延到个人生活，再到社区生活，最终人们会感到自己更完整并且更有归属感了。

巅峰故事模型教会了我们融入生活的方式，它让我们更清醒，更警觉，更会讲故事。你获得了发现蓝点时刻的能力，而蓝点时刻就是构成故事的基础。现在，让我们来看看如何让梳理故事脉络成为你生活的核心。

变成讲故事的专家

分析别人的故事很有趣。我就是这样分析乔布斯的演讲的。

你可以坐在树下,用自己最喜欢的设备观看那些公共演讲和自传。如果你不喜欢这些,那么你也可以选择阅读职业领域的论文和求职信。

试着找出故事中的蓝点时刻,对这些时刻进行分类。你看到其中的英雄的蓝点时刻、协作的蓝点时刻了吗?或者他们直接从英雄的蓝点时刻跳到了超我的蓝点时刻,完全跳过了协作的蓝点时刻,因此他们没有可以与他人合作的证据。

你会发现有漏洞的故事,你也会发现非常吸引人的故事,最重要的是,你明白这背后的原因。

记得记笔记。你是在哪里听到或读到这个故事的?

故事中的蓝点时刻有哪些？什么样的蓝点时刻成功了，什么样的蓝点时刻失败了？你该如何将这些学到的东西应用到自己的故事中？

你正在变成一个讲故事的专家。你现在已经能看懂其他专业人士的故事要素，这意味着你已经从一个业余人士变成了一个专业人士。

演讲稿撰写人总是这么做：阅读别人的演讲，寻找其中引人注目的部分。现在你也成了自己人生的演讲稿撰写人。

检查别人的故事。看看你能否在同一个故事中找到英雄的蓝点时刻、协作的蓝点时刻和超我的蓝点时刻。

记住，你在别人的故事中发现的蓝点越多，你就能越好地调整自己的故事内容和讲故事的方式。你也能开始看明白，这些故事的哪部分有效、哪部分不那么有效。

你分享故事的内在动力增强了，你变得更善于分析自己的生活经历。你期望快速展开自己的故事，你在回忆故事上花费的精力越来越少，同时，你在分析故事和如何分情况分享它上面花费的精力越来越多。

第 10 章

终极连接器

如果有机会改变这个世界，那么你将如何改变它？如果一次只能改造一个房间，那么你要先改造哪个房间？当然是你所在的那个房间。

——彼得·布洛克

我在前面已经引用过这些人的话。其中，埃德蒙德·胡塞尔说："我必须达到内在的一致性。"苏林·齐克果说："向后看能理解生活，向前看才能生活。"

胡塞尔和齐克果提醒我们，一切都是相互联系的：我们的蓝点时刻、我们的故事、别人的故事、周围的世界。我之所以把讲述巅峰故事称为终极连接器，是因为它能让你成为生活的参与者，而不仅仅是旁观者。

要知道，我们现在的世界联系过度但关系不深入。移动设备和应用程序将我们与个人档案、虚拟形象、数据世界联系在一起，让我们误以为这种空洞的联系是真正的联系，让我们忘记了真正重要的东西。

还记得吗？我们在前面讨论过社交媒体上的临时身份证明，以及临时身份证明在接触到现实时是如何崩溃的。

有些人认为技术创新能帮我们节约时间,从而让我们更好地生活。理论上讲,事实是这样的。无论是文员工作还是流水线工作,科技把我们从回报率低的重复性工作中解放了出来,让我们有更多的时间从事更高层次的活动,让我们变得更有创造力、更有思考能力、更投入。

然而现实情况是,科技也制造了很多分散我们注意力的东西,它使我们逐渐养成了分散注意力的习惯。每个人都陷入了恶性滚雪球效应。这个雪球把我们的空闲时间卷进了一场电子产品造成的雪崩。

想想自己现在的生活,你是否经常觉得自己需要有意识地拔掉电源插头?你是否经常觉得自己需要一个远离科技产品的休息瞬间?你是否经常觉得自己需要在大自然中散步或者锻炼?这种脱离科技产品的行为才能最终给予我们空间,就像冥想一样,它把我们带回到童年的生活,我们重新感受到了真实的联系和真实的关系。

🎤 回归本真

讲故事有助于你稳定自我，回归本真。讲故事的脑力肌肉也是你的关系肌肉，因此梳理故事脉络能帮我们回归真实关系。

我们知道，如果不继续锻炼，锻炼出来的身体肌肉会随着时间消失。毕竟大家的生活都很忙碌，这不是谁的错。不过没关系，梳理故事脉络能帮我们重新获得这些脑力肌肉。但同样地，如果我们不使用这些讲故事的脑力肌肉，那么它们也会消失。这就是为什么我称之为脑力肌肉，因为它可以像身体肌肉那样变得更强或更弱，这取决于你如何使用它。

🎤 终身训练

在构建自己的巅峰故事的过程中，你已经得到了足够的锻炼。你已经做过各种风险时刻的讲述巅峰故事的练习，你相关的脑力肌肉已经很强了。你了解自己在创造英雄故事时克服的障碍；你知道自己在协作故事中是如何与他人合作的；在你的超我故事中，你做着自己喜欢做的事情，你知道如果不去做自己喜欢的事，那么你就会有一种不道德感、一种愧疚感。

保持讲故事的习惯，重复是关键。你不必像机器人一样讲故事，我们这里不讨论人工智能。请保持勤奋练习的习惯，这样你就可以根据不同的情境，以不同的顺序或不同的方式重复训练核心故事部分。

这是一项终身训练的项目。

突出自己的2到4种能力，这些能力在一段时间内能带给你动力，让你的故事变得连贯和生动。巅峰故事创造的是一个真实生动的你，而不是一个抽象的你。你的动机开始被周围的人熟知。

在了解你的动机后，人们就非常有可能愿意与你建立更深刻的关系，这不仅仅是那种在你的生命里闪现一下就消失的关系。或许你在领导一个团队，开发一项业务，销售某些东西；或许你成了团队新领导、新老师；或许你正经营着某个领域的工作室；或许你正处于实习期……

在这些情况下,人们很可能会对你说"说说你吧",只要你掌握了巅峰故事模型,这其实是建立更多深刻关系的机会。

🎤 完善技巧

职业篮球运动员在比赛前会做热身活动。例如,他们会做赛前排兵布阵,练习跳投动作。难道有人认为职业篮球运动员会错过哪怕一次投篮的机会?他们当然不会。

他们会抓住一切机会完善他们的相关技术。**巅峰故事**也是如此,为了完善讲故事的技术,你要抓住机会在不同的场合展示自己的巅峰故事。

重复是成功之母。达到专业水平的关键是重复练习,也就是不断增加重复的次数。喜剧演员杰瑞·宋飞会一遍又一遍地修改自己的脱口秀稿子,甚至在他上台表演的前一秒还在修改。赛季前的美国国家橄榄球联盟的球员和那些准备拍摄的演员也都这样,他们会一次又一次地重复他们的技能。重复和变化是一切表演背后的肌肉生成器。请重复检查自己的表演。你的内容讲到哪里了？内容衔接顺畅吗？哪些地方需要更多的证据？你的个人风格是如何影响故事的延展方式的，以及它是如何让你在特定的时刻获得某种身份证明的？

这是一项没有截止日期的工作。但也有好消息。你不是在编造故事，所有的一切都是真实发生的。你只是在用特定的方式讲述这个故事。

🎤 螺旋上升

创建巅峰故事非常灵活，无论你何时开始学习使用巅峰故事模型，它都能让你的生活时刻保持关联性，但前提是你要不断使用它。

你可能会说："因为我读过这本书，所以我想自己已经做好了准备。不管是演讲、采访、高风险时刻的交流活动，还是随便什么情况，我都准备好讲我的巅峰故事了。"或者你会说："我在生活中遇到了一些麻烦，但我感到了某种内在的凝聚力，我觉得自己更振奋了。哇！巅峰故事比心理治疗还有用。"

相信我，先别这么说。虽然你已经体验了创建巅峰故事的全部过程，并创造了自己的故事，但是你现在还不能停下来。

我们都希望核对自己的里程碑并将它们进行存档，这是我们跟踪自我发展的方式。在你13岁的时候，你会反思童年的一些事情。划掉。或者在你18岁即将上大学的时候，你会好好反思你的高中生活。划掉。然后你会经历青年危机，中年危机，职业转变。划掉，划掉，划掉。

当你面对这些里程碑或转变时，对你而言，留心它们比忽略它们更好。因为每个人都想螺旋上升到一定的阶段，每个人都想做对自己来说重要的事。因此，当你已经做某件事很久，你转而想要去做另一件事的时候，请启用讲故事的肌肉，它能帮你弄清楚下一步该去哪里。

🎤 接通电源

我想分享自己非常喜欢的一句话：生活，只有活过才懂得。

问问你自己，你有多少次会停下来想一想，自己做了多少事，观察了多少事，感受了多少事？

任何一个巅峰故事都可能有很多的内容，如果你能用自己的方式讲出自己的巅峰故事，那么这对你的好处更多。巅峰故事不仅为你创造了一个自传故事，它还展示了你真正的价值和意义，它甚至能改变你的神经系统。

按照神经科学家大卫·伊格曼的说法，大脑中的所有神经元都在争夺注意力，因此大脑会在争夺中重新配置自己。他用"慢性调整"一词来描述大脑是如何适应新事物的：学习讲故事、遇到困境、讲出故事。这意味着大脑并不注定只会一种讲故事的方式，它能慢慢调整自己，重新连接新的神经通路，将自己塑造成跟你的故事和才能相匹配的样子。

因为随着你整合以及讲述自己的故事，你的大脑会进行自我调整，所以你已经不再是出发时的那个人了。当你开始阅读这些讲述故事的方法时，你其实已经发生了改变，你已经重述了自己的生活经历。对于你目前的角色、你即将获得的角色、你将要做的事情、你即将拥有的工作，你已经知道了所有这些的意义和目的。你开始对自己目前所处的位置产生不同的感觉，这是因为你的大脑处理信息的方式不同了。

🎤 不断变化的大脑

伊格曼认为大脑拥有改变神经通路的能力，即大脑具有"神经可塑性"。如果你对自己的故事感到不舒服，但你在自己的办公室、自己的房间时很有自信，或者你有令自己感到安心的亲密朋友，那么我这里有一个好消息分享给你：你的大脑会随着你的故事发生变化，你最终会获得分享巅峰故事的信心。你要有耐心。你是负责人，你是驱动自己发展和成长的软件。你的大脑会在你的驱动下发生改变。你可以控制自己一生的走向，你是自己人生的终极作者。

伊格曼解释了业余足球运动员和职业足球运动员之间的区别：业余足球运动员常被人抢球。你应该在即兴比赛中看到过这一幕，甚至你自己都经历过这一幕。你明白我的意思。

但这样的事不会发生在职业运动员身上。为什么不会呢？从神经科学的角度来看，业余足球运动员所有的动作都是有意识的。对手通常能从他们的肢体语言或面部表情中预判他们的下一个行动，因此对手能抢走他们的球。另一方面，专业人士的行动是不需要思考的现场发挥，没人能猜到他们要做什么。他们发出的任何信号都可能是让对方上当的钓饵，因此没人可以随便抢走他们的球，他们不会让自己失去已得的位置或停止进攻的脚步。

这与我们讲故事有什么关系呢？在你开始讲述巅峰故事时，你还是一个业余爱好者，你会被自己的"有意识"带走很多注意力：房间里的人、利害关系、你的长相、你的穿着。你知道你不能失去自己的球，这时候你的故事就是你的球。因此,我们需要在迎接高风险时刻之前做大量的准备工作,即在低风险时刻或中风险时刻反复练习讲述巅峰故事。

一个专业的讲述者会有两个方面的表现:第一,调整故事的速度越来越快。为了适应在各种特定的背景下讲故事,或者为了与陌生人或刚走进房间的人建立关系,他们调整故事的速度会越来越快。也就是说,他们驾驭故事的能力越来越强了。

第二,他们在讲故事时花费的精力更少了。在伊格曼提到的两类足球运动员中,比起职业运动员,业余运动员需要更多的脑力活动,这一点让你很惊讶,对不对?不必惊讶。业余爱好者非常警惕,而专业运动员则把自己当作游戏的一部分,他们放松且自信。当你和自己的故事融为一体时,你就更容易在自己的故事中进出,从而更灵活地根据时机调整自己的表演。

巅峰故事正在重塑你的神经。你越是频繁地梳理故事脉络,你察觉其中的细微差别的能力就会越强。你越擅长梳理故事,你与故事融合的程度越深,你就越感觉精力充沛。

你已经准备好了，你可以继续前进了。你要有信心。你既要留意那些语音语调、非语言线索，你也要留意如何在不同的场景变换和淡化故事的某些部分。

发生了什么变化吗？变化就是你已经构建了自己的元意识，也就是对自己的意识的意识，这会让你的生活更有意义。

🎤 抓住机会

如果你坚持讲故事，那么它将成为你建立人际关系的一种方法。而你本人就是这些关系的终极连接器。你可以用自己的故事在超我领域做自己想做的事，并因此让自己被别人看见、被别人听到。

还记得我们讨论过的翻转的世界吗？这种翻转是真实的。从领导者到追随者，任何人都可以讲自己的故事，因为今天每个人都有讲故事的权力。问题的关键是，你必须认真地讲故事。

你在寻找讲故事的机会吗？这就是巅峰故事带你进入超我领域的方式。巅峰故事可以为你想要和你应得的东西提供宣传和支持，它还能把听众带到你的过去和未来，这样他们就能了解你是一个不错的人。无论你是理财顾问、教师、艺术家、社区开发者、护理人员、医生、军人还是急救人员，那个关于你如何成为今天的你的故事，都是你拥有今天这个身份的最有力证明。

如果你错过了讲述自己的故事的机会，那么你就错过了在别人的大脑里进行播种的机会。这里的"播种"当然不是指你要给别人灌输你的想法。你撒播的种子越多，邀请你参加各种聚会的人就会越多，于是转述你的故事的人就会越多。故事就这样一再传播下去，人们对你越来越感兴趣……最后，你就会变得越来越值得被人们记住。

你得给自己的故事充好电，你得准备好随时出发。此时，犹豫可对你没好处。

正如我们所看到的那样，现在的员工都想要有自我表达和创造意义的机会。讲述巅峰故事是实现这一目标的方法之一。巅峰故事是一个模型,我们可以用它来进行自我表达和创造意义,我们可以用它来获得力量。

🎤 发现故事

巅峰故事就在我们身边。人们不断地伸出友谊之手,试图跟你建立联系。这样的例子很多,这取决于是谁激励了你。我们已经探讨了史蒂夫·乔布斯和他著名的演讲,我还引用了大卫·戈金斯书里的故事。亚特兰大市长凯莎·博顿斯也讲述了她的故事。相信你已经准备好听听下面这些故事了。

让我以斯巴达勇士赛创始人兼首席执行官乔·德·塞纳为例。他买断了竞争对手"国际障碍大赛"。对塞纳这样的人来说,他们的故事往往可以把自己和企业联系起来。他们实施的某个方案往往能在世界上引起很大的共鸣。他的公司现在已经成为世界上最大的障碍赛跑公司,你难道不好奇,他为什么创办了一家障碍赛跑公司吗?要知道,他曾是一个华尔街精英。

再看看玛吉·罗杰斯这样的音乐艺术家。她曾是由法瑞尔·威廉姆斯执教的纽约大学大师班的学生,她就是在那里被人发现的。她独特的民间舞蹈风格让她获得了格莱美奖的提名。

为什么戈金斯的事业会腾飞?为什么塞纳的事业会腾飞?为什么罗杰斯的事业会腾飞?这是因为他们的行为与他们的身份是一致的。

使命是建立在身份这个基础之上的。当你听到这些故事时,你就会懂得他们,你们就会知道他们为什么擅长自己的工作。

🎤 身份证明

我有个朋友来自特拉华州,他叫吉米·艾伦。吉米是个黑人乡村音乐歌手,像他这样的人并不多。

吉米的故事里有很多英雄要素。我当时是亚历克斯和阿尼企业大学的校长,当时我的工作内容是帮他们建立知识学院,以及为高管们的故事提供建议。记得在和平之爱慈善活动中,我曾让吉米上台表演。那时,他已经得到了《美国偶像》这个节目的肯定。如今,他是乡村音乐界最顶尖的新艺术家之一。他的首发单曲《尽我所能》大获成功。

但是吉米过去常常睡在车里,洗澡也只能用他的健身会员卡去健身房洗。后来,他与亚历克斯和阿尼这个珠宝品牌合作,在他们的零售店演唱。最后,他搬到田纳西州,在那里他终于找到了自己的风格,他发现自己更适合乡村音乐而不是流行音乐。

我女儿不敢相信我认识他。我告诉她:"人们尝试新事物并不是因为它们容易上手。你知道,吉米这家伙曾经睡在车里。"她说:"爸爸你在开玩笑吗?你见过他的福特皮卡吗?那车好特别、好惊艳!"我说:"他本人也很特别。"吉米现在有一辆很棒的卡车。他正在和美国著名的乡村音乐歌手戴利斯·路克合作。越来越多的好事正发生在他身上。

吉米是一个非同寻常的人,但他之所以能变得如此优秀,是因为他能排除万难沿着自己的路走下去。无论是他还是他的故事，所有的东西凑到一起的程度都刚刚好。他为自己书写的人生故事与他沿途收集的蓝点时刻一致，并与他今天的身份完美相符。

🎤 给故事"充电"

想知道坚持给自己的故事"充电"会发生什么吗？我刚刚讲过的吉米的故事便是一个很好的例子。

你知道答案，因为你自己也经历过这种事情了。你已经给自己的故事充上电了。你之所以选择这些时刻，是因为你知道它们组合在一起能传达你的价值和意义，以及证明你在工作中、生活中寻求的改变是有价值，有意义的。

你获得了一次机会来讲故事。这让我想起了多年前我在 TEDx 公共街道演讲中写的云文字。我把它叫作"认真讲个故事"。

就在那时，我知道了我的故事需要变成什么样子。既然故事的力量在你的生活中是真实的，那么就让我祝愿这段云文字能帮助你开启生命的下一个篇章。

这是你的**故事**。

认真讲个故事。

如果还没进入角色，**快加入吧**。

你在这里，神圣且**有意义**。

尊重你的使命，朝着目的地行动。

爱存在于**所有人**身上，请绽放你的爱。

你的工作就是**你的故事**。

实践带来的回馈是，相互连接。

讲**故事**是人类的天性。

有意识地创造一个协作故事。

少评判，多邀请，**保持平和**。

祝福**你**。

用**爱**复述**故事**的力量。

把梦安放在**故事里**，慰藉灵魂。

从讲故事的实践中获得启示。

与故事同行

回想一下，在这本书的开头，当你读到别人的故事时，你有什么感觉。想想你听过的所有故事，其中有些令人晕头转向，有些却让人忍不住驻足倾听。

现在轮到你了。游戏开始了。你有权讲述自己的故事，你也有了自己的计划和流程。你已经为自己讲故事的能力充上了电。

保存故事的关键是保持它的新鲜度，也就是说你必须使用它。因为讲故事的能力就像一块需要多加锻炼的肌肉，所以请留意那些可以讲故事的机会，多进行锻炼。

现在你已经有了练习计划，给自己讲故事的能力充上了电，你迫不及待地想展示自己的价值和意义，从而用你的故事点亮这个世界。因此它会在这里吗？它会在那里吗？还是其他地方？你必须知道什么时候开灯，用你的故事点亮整个房间，照亮你所在的区域，显示你在工作方面的价值。

作为终极连接器或讲述者，你打算什么时候将自己的故事投放到这些场景？是下周还是下个月？你已经很了解自己的故事，现在你可以切入到下一个场景，准备强调你的故事可能给团队带来的价值。

讲故事还涉及很多伦理问题。请遵循基本原则：不要撒谎，不要用故事去欺骗别人，你要尊重自己和他人。

如果使用巅峰故事，那么你在很多场景中就不会再走神了。你再也不会以梦游一般的方式进入某个会议室、某场面试、某次销售活动。你会发现听众的反应也发生了变化。这些转变是真实的，因为在这个过程中，你改变了自己的大脑，你或许也改变了他们的大脑。这一切都是你一个人完成的，你已经获得强化社会关系和转变大脑连接的能力。哇，你真是太棒了！

现在你已经再次获得讲故事的力量。也就是说，你已经重新获得自我创作的力量，你甚至还可能激发出更多其他未知的能力。

结　语

认真讲个故事

我们在这本书的一开始就打算教你一种方法，这种方法不仅能帮你创造一个代表自己的故事，还能让你在追逐自己想要的工作或生活的同时，帮你获得一个适合当下生活的身份证明。

如果你认为讲述巅峰故事的作用是说明你是谁，帮你获得价值，或消除错误印象，那么你就是对的。巅峰故事能让我们参与到日常的对话交流中，这种交流在当今世界已经非常少见。讲述巅峰故事可以让我们暂时忘记科技，拿回曾经属于我们的最好的礼物——存在感。

你现在已经知道了巅峰故事的要素：英雄的蓝点时刻、协作的蓝点时刻、超我的蓝点时刻。这个组合之所以说得通是因为每个人都有克服障碍的英雄的蓝点时刻；不管成功与否，每个人都曾尝试进行合作（协作的蓝点时刻）；每个人都在做自己喜欢的事情，或者他们希望做自己喜欢的事情（超我的蓝点时刻）。

当你把这些部分整合在故事中，你就成了一部精彩剧本的作者，这是一部关于你的过去、当下、未来的生活剧本。每个人都有这3个层次的蓝点时刻，因此这个结构本身就建立了一种人际关系氛围。听众可能不认识这些蓝点时刻，但他们都拥有这些蓝点时刻。听众会因此与你的蓝点时刻产生联系，因为他们也面临过障碍，他们也与他人合作过，他们也想在自己的生活中做有意义的事情。

当你以这种方式与他人发生联系时，你就会得到积极的结果。当你讲述自己的巅峰故事并得到听众回应时，你和你的故事就会产生大量的能量。这就像两个音乐家调整好了自己，以他们应该有的方式出现在了音乐会上。

你已经经历了一段深刻的反思，这段反思将你的身份之弦排列整齐，使之能与他人的身份之弦进行互动。而且你是主乐手，是"你的"曲调激发了这场互动交流。

如果别人了解你，那么他们就有理由信任你。这是人类的本性。如果他们信任你，那么你的故事就有价值，同时你也有积极的价值。他们就会热情地支持你、推荐你、雇佣你，并且伴你左右。要知道，没有人愿意和那些无法让人振奋的人在一起做事。

还记得我们说的能量吗？要么你从我这里得到能量，要么我从你那里得到能量。

例如，我就是个能量给予者。我希望我能给你能量，以便推动你的自我探索进程。记住我常说的话，自我探索是最好的研究。现在你知道这句话是对的，因为你已经有证据啦！

反复使用这本书。你可以撕掉某页，折角，你也可以在书上做笔记，以记录你的进展，让它看起来像一张破旧的探险家地图吧！这本书可以成为你讲述巅峰故事的工具。这是你人生道路的一部分。

我们已经探索了讲述巅峰故事的方法：回顾并审视以往的生活，登记并记录现在的生活，想象并规划未来的生活。如果你想改变自己，那么你就去改变自己的故事，然后你的大脑也会随之发生改变。接着，你的故事会使这种改变延续下去。巅峰故事能帮我们实现马斯洛所说的"精神卫生"，那种感觉就像是清除了一些阻碍我们前进的东西，一条清晰而整洁的道路出现在眼前。

你继续收集蓝点时刻，超我的蓝点时刻也不断降临。你的生活朝着一个又一个巅峰不断螺旋上升。

在现实世界中，人类会自然而然地被山峰的雄伟吸引，我正是在马萨诸塞州最高点格雷洛克山的山脚下写了这段总结。在波士顿举行的美国国家盲文出版社年度晚会上，我和一个朋友待了一段时间，他非常痴迷登山。他就是盲人探险家埃里克·维亨迈尔，他攀登过七大洲最高峰，包括珠穆朗玛峰。当他回忆起自己的攀登成就或旅行时，他就像一个杰出的演说家，他的故事多得就像科罗拉多河一样奔腾不息，但有些故事还是从中脱颖而出。

每个人都一样。我们在巅峰故事中使用的蓝点时刻会流传下去。在人们讲故事后或演讲结束后,或者在马戏团离开城镇后的很长一段时间里,那些有价值、有意义的时刻仍会流传在人们中间。

那么,巅峰故事是如何流传下去的?因为它能产生积极的光环和"黏性",并且在听众的大脑中保持活跃。它改变了人们大脑中的神经通路,也就是说,巅峰故事不仅影响个人,还影响空间氛围、职业生活、家庭生活以及人际关系。我们的大脑似乎更喜欢有价值、有意义的故事。

每当你重新思考或讲述自己的故事时,请想想埃里克·埃里克森所说的话:"成就我的东西也终将成为我的一部分。"他是德裔美国心理学家,以人类发展理论而闻名。

如果你的故事很有感染力,那么它能在你讲完之后继续存留在听众的脑海里。无论是关于你的移民生活,作为柬埔寨移民的你站起来面对霸凌者,还是关于你是一个霸凌者,还是关于你的……好吧,由你自己来继续说吧。

不管你的故事是什么，它都会萦绕在这个空间里。它会被植入听众的脑海，并且在其中形成关于你的更精准的形象，因此，你的价值和意义便得到了有力的展示。它以一种生动的方式跟随着你，跟随着你正在做的事、你的工作、你申请的学校、你即将做出的改变或你已经成功经历的变化。

让我改写一下埃里克森的话："成就你的东西也终将成为你的一部分。"你的故事已经是你的一部分了，它成就了你。

致　谢

感谢我妻子香农的陪伴，感谢她在我写作的每一个阶段都客观地倾听我的意见。感谢我的孩子亚历克斯和艾比，感谢他们愿意在自己的生活中使用巅峰故事这个模型探索自己的道路。感谢我的父母，感谢他们在我还是个孩子的时候就一直关注我，并且允许我以自己的方式生活。感谢杰伊和桑迪·瑞安，从创作到最终成书，他们的积极态度和好奇心激励了我。感谢我的祖母玛丽亚·爱丽丝，感谢她不断与我分享她的故事。

感谢罗切斯特大学的教职人员、同学们，在那里，我学会了如何更深入地思考这个世界。感谢雷蒙德·墨菲和芭芭拉·伊拉迪，感谢他们邀请我参加丰富多彩的交际、研究和社区活动。感谢埃德·德西，在他的教学中，我领悟到了自我决定理论的精髓。感谢圣拉斐尔学院为我提供一个安全而有益的环境，在那里我开始理解身份的概念。

感谢杜肯大学，在那里我学到了现象学。

感谢塞布鲁克大学和托马斯·格里宁，感谢他现场讲述自己与阿贝·马斯洛和罗洛·梅在一起的时光，他的故事激励了我。我还必须感谢阿马德奥·乔治，他教会了我熟练地使用描述性名称法来做研究。很荣幸能在这段旅程中得到他的反馈。感谢丹尼斯·贾菲、乔安·麦卡利斯特、南希·萨瑟恩和奇普·康利，他们是我在塞布鲁克大学的时候认识的，我们深厚的感情也是在那里建立的。

感谢国际人类科学研究大会的研究人员、学者、实践者和朋友。我还要特别感谢斯科特·丘吉尔、丽贝卡·劳埃德和西莉斯特·斯诺巴，感谢他们带我来到渥太华大学的国际人类科学研究大会。

感谢罗杰·威廉姆斯大学过去和现在的同事们。感谢吉纳·比安科和吉米·斯可瑞将我的方法纳入本校的课程。感谢艾姆·兰伯特邀请我参与多元、公正与包容项目的发起。在这里，我认识了另一位值得信赖的同事和倡导者，他就是佛蒙特大学多元化项目的领导者万达·格兰特。感谢罗杰·威廉姆斯大学的校长扬尼斯·米奥拉斯和教务长玛格丽特·埃弗里特，感谢你们一直以来对我工作的支持和关心。

感谢詹姆斯·劳伦斯无尽的友谊、建议和支持。

感谢那些信任我的人，感谢那些与我分享如何平衡工作与生活的人，我们共同的努力激励我走完了这一历程：乔·德·塞纳、巴纳比·布拉德、克里斯滕·希尔、詹姆斯·霍特、乔·迪斯泰法诺、托尼·柯林斯、金伯利·克莱曼－李、伊丽莎白·尚利、瑟奇·布伊苏、克里斯托弗·利桑蒂、塔伊诺·巴勒莫、安德烈·戴维斯、玛格丽特·麦肯齐、斯科特·派尔、乔·魏因、贾斯廷·托马斯、坎迪丝·诺纳斯。

感谢 CVS 多元化供应商高管学习系列项目的参与者们，感谢你们分享自己的故事，是你们丰富了我的故事。

感谢迈克尔·坦嫩鲍姆和保罗·迪波德斯塔邀请我进入美国国家橄榄球联盟和美国职业棒球大联盟的世界，感谢罗布·埃尔伍德在运动心理研究所项目中所做的不懈努力。

感谢我拉斯维加斯的团队：阿曼达·斯莱文、阿琳·萨门、托尼·谢、特拉·娜奥米、戴维·古尔德、里奇·罗尔、罗宾·阿尔松。作为拉斯维加斯市中心计划的一部分，我非常感谢我们所经历的变革。

感谢我纽约的烹饪团队：巴里·穆萨基奥和主厨阿尔·迪·梅利奥，感谢你们分享自己的故事。另外，我还要特别向帕帕拉尔多致敬，我每天都在想念他。

感谢我伯克希尔的团队：德布·拉伯、德文·拉伯、乔希·门德尔、芭芭拉·马尔卡斯、金伯利·罗伯茨－

莫兰迪。感谢你们将故事脉络梳理这一方法应用到马萨诸塞州伯克希尔县北亚当斯镇的学生身上,你们的创新力和热情让我印象深刻。感谢斯普拉格家族尤其是辛西娅·斯普拉格,以及克里斯玛基金,感谢你们对当地学生和教育工作者的支持。

感谢达林·格雷、蒂龙·基斯和克里斯·德拉夫特,感谢你们允许我向你们分享我的工作,并且感谢你们在非营利事业上所做的贡献。我们的巅峰故事的力量是可以被人感受到的。

感谢故事脉络梳理项目的职业认证教练、讲师和辅导员:迪安娜·伯利森、亚当·拉茨、巴纳比·布拉德、詹姆斯·蒙蒂罗、尼亚·蒙蒂罗、乔舒亚·门德尔、杰米·汉密尔顿。

感谢狮子峰出版社和文士媒体团队的凯茜·雷恩、克里斯蒂娜·普里奇、拉赫尔·布兰登伯格,尤其要感谢蒂姆·库克,当我在写这本书遇到困难时,他的倾听能力和敏锐的洞察力为我提供了莫大帮助。